형법상의 불법과
피해자의 자기책임

Strafrechtliches Unrecht und
die Selbstverantwortung des Verletzten

Strafrechtliches Unrecht und die Selbstverantwortung des Verletzten by Rainer Zaczyk
Deutsche Erstausgabe im Verlag C. F. Müller, Heidelberg, 1993
Copyright © 1993 by Rainer Zaczyk
All rights reserved.

Korean Translation Copyright © 2019 by Todammedia
Published by Arrangement with R. Zaczyk.
All rights reserved.

이 도서의 국립중앙도서관 출판예정도서목록(CIP)은 서지정보유통지원시스템 홈페이지(http://seoji.nl.go.kr)와
국가자료종합목록 구축시스템(http://kolis-net.nl.go.kr)에서 이용하실 수 있습니다. (CIP제어번호 : CIP2019031815)

형법상의 불법과
피해자의 자기책임

Strafrechtliches Unrecht und
die Selbstverantwortung des Verletzten

라이너 차칙 지음

손미숙 옮김

토담미디어

한국어판 저자 서문

1993년에 발간된 나의 책 『형법상의 불법과 피해자의 자기책임』이 이제 한국어로 출간되게 된 것은 본인에게는 큰 영광이 아닐 수 없다. 한국어판 출간이 가능했던 것은 손미숙 박사의 인고의 번역작업 덕분이며, 깊은 고마움을 전한다. 또한 이 책이 출간될 수 있도록 해준 토담미디어의 홍순창 실장에게도 감사드린다.

이 책에서 다룬 주제는 독일 형법에서는 지금도 여전히 초미의 관심사가 되고 있는 것이다. 이 책이 출간된 후 지난 이십 년이 넘는 동안 우베 무어만(Uwe Murmann)의 중요한 저서 (『형법에서 피해자의 자기책임』, 2005)만 발간된 것이 아니라, 이 주제는 수많은 논문들과 판례 평석에서도 다루어졌다; 최근의 것만 언급하면, 안네테 그뤼네발트(Anette Grünewald, 「자기위태화와 양해에 의한 타인위태화」, Goltdammer's Archiv für Strafrecht 2012, 364면 이하)와 클라우스 록신(Claus Roxin, 「양해에 의한 타인위태화에 대한 논쟁」, Goltdammer's Archiv für Strafrecht 2012, 655면 이하)의 논문, 그리고 2011년에 출간된 잉에보르그 푸페(Ingeborg Puppe) 『고희기념논문집』에 수록된 여러 논문들이다. 1993년에 출간된 저자의 책에 나오는 모든 주제 영역을 한국어판에서 개정 작업한다는 것은 불가능한 일이다. 하지만 문제점의 일부분에 관한 현재의 논의를 독일에서 논쟁이 많은 연방대법원의 판결을 근거로 보여주고자 한다(BGHSt 53, 55면 이하).

사건의 전말은 다음과 같다: A와 B, 그리고 나중에 사망하게 된 S는 공용도로에서 자동차 경주를 감행했고, 그 준비를 위해 자동차 속력 테스트를 실행하였다. 피고인 B가 자동차를 운전했으며, S가 옆자리에 동승하였고, A는 다른 자동차를 몰았다. 이들은 2차선 도로에서 시속 240km로 나란히 달리다가, 겨우 120km 속도로 달리고 있던 다른 자동차를 추월했다. 이 추월행위에서 B의 자동차가 미끄러져 전복되어 교통표지판과 충돌하였다. 이로 인해 S가 사망했다. 독일 연방대법원은 B와 A의 과실치사에 대한 판결을 다음과 같이 논증하였다: 두 사람은 명백히 교통규칙을 위반함으로써 과실로 행위한 것이다. S의 사망 역시 그들에게 귀속된다. 귀속을 배제하는 자기위태화의 경우는 존재하지 않는다. 타인의 위태화를 위해 필요한 경계는 누가 사건의 진행과정에 대한 지배를 가지고 있는지에 대한 기준에 따라 판단해야 한다; 여기서 이 지배는 운전한 B와 A가 가지고 있었다. S의 승낙은 성립할 수 없으며, 생명의 위험에 대한 승낙은 이것이 선량한 풍속에 반하지 않을 때에만 유효하기 때문이다(독일 형법 제228조). 본 사건에서와 같이 관여자 모두에게 있는 고도의 생명에 대한 위험 때문에 어쨌든 이러한 승낙은 효력이 없는 것이다.

이 책에서 저자가 취하고 있는 입장에 따르면 비록 다른 근거지움의 방법이기는 하지만 — 어쨌든 피고인 A와 관련해서는 — 연방대법원과 같은 결론에 도달한다. 이는 과실에 의한 자기위태화와 과실에 의한 타인위태화의 경계선을 정해야 하는 사례이다. 이러한 경계선을 설정하는데 있어 승낙에 관한 문제는 아무런 역할을 할 수가 없으며, 이유는 위험에 대한 승낙은 침해에 대한 승낙이 아니기 때문이다(이 책의 본문 97—99면 참조). 그렇지만 또 (독일 연방대법원의 입장처럼) 단지 사실상의 지배에만 달려 있을 수는 없고, 오로지 지배에 대한 의무에 달려 있다. 위험에 처한 사람이 (여기서는 S) 타인이 위험한 행위를 하지 않는다는 것을 법적으로 신뢰할 수 있을 경우에, 그럼에도 불구하고 타인이 위험한 행위를 감행할 때에는 타인의 위태화가 성립하는 것이다(이 책의 본문 104—105면 참조).

끝으로 이 책의 내용이 입각하고 있는 중요한 토대이자 또 자기책임의 개념과 연결된 법적인 자율성의 개념에 대해 간략히 언급하고자 한다. 자율성과 자기책임이라는 개념은 어떤 행위의 불법의 문제에서 비로소 그 의미를 갖게 되는 것이 아닌 것으로 이해해야 한다. 오히려 적극적인 의미에서의 법은 이러한 개념들을 기초로 하고 있다. 모든 개개인이 자신의 윤리적인 삶에 책임을 지듯, 타인들과 공존하는 삶 역시 공동으로 책임지는 질서로서 이해해야 한다. 이것이 궁극적으로 개개인이 자신에게 일어난 침해에 대한 책임을 단순히 타인에게 전가시키지 않고, 오히려 정말로 타인이 침해를 야기했는지, 아니면 자기 스스로 침해를 야기하지 않았는지를 물어야만 하는 이유이다. 이 책은 이러한 판단에 대한 기준을 발전시키려고 한 것이다.

손미숙 박사의 번역을 통해 저자의 논거가 이제 한국 학자들에 의해서도 논의되고 검토될 수 있게 된 것을 매우 기쁘게 생각한다.

2019년 오월 독일 본(Bonn)에서
라이너 차칙

Vorwort zur koreanischen Ausgabe von "Strafrechtliches Unrecht und die Selbstverantwortung des Verletzten"

Es ist eine große Ehre für mich, dass mein im Jahr 1993 erschienenes Buch "Strafrechtliches Unrecht und die Selbstverantwortung des Verletzten" nunmehr in koreanischer Sprache veröffentlicht wird. Dass dies möglich wurde, liegt an den unermüdlichen Übersetzungsarbeiten von Frau Dr. Misuk Son, der ich sehr zum Dank verpflichtet bin. Ferner danke ich dem Verleger, Herrn Soonchang Hong, dafür, dass er das Buch in sein Verlagsprogramm aufgenommen hat.

Das Thema, das ich in diesem Buch behandelt habe, ist von unverminderter Aktualität im deutschen Strafrecht. In den mehr als zwanzig Jahren, die seit dem Erscheinen meines Textes vergangen sind, ist nicht nur die gewichtige Monographie von Uwe Murmann erschienen ("Die Selbstverantwortung des Opfers im Strafrecht", 2005); das Thema ist auch in zahlreichen Aufsätzen und Entscheidungsanmerkungen behandelt worden; genannt seien aus jüngster Zeit die Aufsätze von Anette Grünewald (Selbstgefährdung und einverständliche Fremdgefährdung, Goltdammer's Archiv für Strafrecht 2012, 364 ff.), Claus Roxin (Der Streit um die einverständliche Fremdgefährdung,

Goltdammer's Archiv für Strafrecht 2012, 655 ff.) sowie mehrere Beiträge in der Festschrift für Ingeborg Puppe, 2011. Es ist hier nicht möglich, das gesamte Themenfeld des Textes von 1993 zu aktualisieren. Doch sei die gegenwärtige Behandlung eines Teilbereichs des Problems anhand einer in Deutschland viel diskutierten Entscheidung des Bundesgerichtshofs gezeigt (BGHSt 53, S. 55 ff.).

Geschehen ist dort folgendes: A, B und der später getötete S unternahmen auf öffentlichen Straßen Autorennen und führten zur Vorbereitung einen Beschleunigungstest ihrer Autos durch. Der Angeklagte B lenkte ein Auto, in dem S als Beifahrer saß, A lenkte ein anderes Auto. Sie beschleunigten den Pkw auf bis zu 240 km/h und überholten, nebeneinander auf einer nur zweispurigen Straße fahrend, ein mit nur 120 km/h fahrendes anderes Auto. Bei diesem Überholmanöver kam der Wagen des B ins Schleudern, überschlug sich und prallte gegen ein Verkehrszeichen. S wurde dabei getötet. — Der BGH begründet die Verurteilung von B und A wegen fahrlässiger Tötung wie folgt: Die beiden hätten eindeutig gegen Verkehrsregeln verstoßen und damit fahrlässig gehandelt. Der Tod von S sei ihnen auch zuzurechnen. Ein Fall von Selbstgefährdung, der die Zurechnung ausschließe, liege nicht vor. Die erforderliche Abgrenzung zur Fremdgefährdung sei nach dem Kriterium zu entscheiden, wer die Herrschaft über den Geschehensablauf besitze; dies seien die Fahrer B und A gewesen. Eine Einwilligung des S liege nicht vor, denn eine Einwilligung in eine Lebensgefährdung sei nur dann wirksam, wenn sie nicht gegen die guten

Sitten verstoße (§ 228 StGB). Wegen der hier vorliegenden höchsten Lebensgefahr für alle Beteiligten sei eine solche Einwilligung jedenfalls nicht wirksam.

Nach dem in meiner vorliegenden Schrift vertretenen Standpunkt komme ich — jedenfalls was den Angeklagten A betrifft — zum gleichen Ergebnis wie der BGH, wenn auch auf anderem Weg. Es liegt ein Fall vor, in dem die fahrlässige Selbstgefährdung von der fahrlässigen Fremdgefährdung abzugrenzen ist. Bei dieser Abgrenzung kann die Frage der Einwilligung keine Rolle spielen, denn eine Einwilligung in die Gefährdung ist keine Einwilligung in die Verletzung (s. vorl. Schrift S. 50—52). Aber es kann auch nicht allein auf die faktische Beherrschung (so der BGH), sondern nur auf die Verpflichtung zur Beherrschung ankommen. Wenn der Gefährdete (hier: S) rechtlich darauf vertrauen kann, dass der andere die Gefährdungshandlung unterlässt, liegt ein Fall der Fremdgefährdung vor, wenn er sie dennoch unternimmt (s. S. 56/57).

Abschließend möchte ich noch ein Wort zum Begriff rechtlicher Autonomie sagen, auf dem die Schrift wesentlich beruht und mit dem auch der Begriff der Selbstverantwortung verbunden ist. Diese Begriffe sind so zu verstehen, dass sie nicht erst bei Fragen des Unrechts eines Verhaltens ihre Bedeutung gewinnen. Auf ihnen gründet vielmehr in einem positiven Sinn das Recht. So wie jeder Einzelne für sein sittliches Leben die Verantwortung trägt, so ist auch das Leben mit anderen nur als gemeinsam verantwortete Ordnung zu verstehen. Dies ist letztlich der Grund dafür, dass der Einzelne die Verantwortung für eine ihm widerfahrene Verletzung nicht einfach einem anderen zuschieben kann, sondern dass gefragt werden muss, ob wirklich der andere oder aber er selbst die Verletzung bewirkt hat. Die Kriterien für diese Entscheidung versucht die vorliegende Schrift zu entwickeln.

Ich freue mich sehr, dass Frau Dr. Misuk Son durch ihre Arbeit die Möglichkeit geschaffen hat, dass meine Argumente nun auch von koreanischen Wissenschaftlern diskutiert und geprüft werden können.

Bonn, Mai 2019

Rainer Zaczyk

역자 서문

이 책은 독일의 저명한 형법학자이자 법철학자인 라이너 차척(Prof. Dr. Rainer Zaczyk) 교수의 저서 『형법상의 불법과 피해자의 자기책임』을 우리말로 옮긴 것이다. 독일 본(Bonn)대학교 형사법 및 법철학 교수이자 동대학교 법철학연구소(Rechtsphilosophisches Seminar der Universität Bonn) 소장인 저자의 이력에서도 알 수 있듯이, 저자의 학문적 특징은 특히 칸트에서 비롯되는 독일 관념철학의 토대에서 법과 형법의 근원을 찾고, 이러한 기초에 입각하여 일관되게 형사법의 개별 문제들을 풀어나간다는 것이다.

칸트의 (법)철학은 인간의 자유의 철학이며, 자유를 기초로 하여 발현되는 개개인의 자율성과 자기책임은 동일한 대상의 다양한 측면을 나타내는 동의어로 볼 수 있다. 이런 맥락에서 독일 법학을 '인간의 이성에 근거한 법(Vernunftrecht)'이라고도 하고, 이성은 다른 말로 자유를 말한다; 자유는 오로지 인간만이 지니고 있는 것이며, 특정한 문화나 역사에 제한되거나 종속되지 않고 타인과 인류를 하나의 통일체로 연결하고 이해하는 근거가 되기도 한다. 이러한 철학적 배경이 바로 독일 법학이 세계에서 존중받고 많은 나라에 계수된 중요한 이유 중의 하나라고 할 수 있다. 또 이 같은 (형)법의 토대와 근원에 대한 성찰(적 접근)은 형법이 나아가야 할 올바른 방향과 당면한 개별 문제들에 대하여 ― 주먹구구식의 판단이 아닌 ― 원칙에 입각한 근거 있는 견고한 해결책을 제시해주기도 한다.

『형법상의 불법과 피해자의 자기책임』은 ― 1951년생인 ― 저자의 학문적 여정에서 시기적으로 세 번째에 해당하는 단행본 연구서이다: 첫 번째 책은『피히테의 법론에 있어서 형법(Das Strafrecht in der Rechtslehre J. G. Fichtes, 박사학위논문, 1981)』이며, 두 번째 단행본 연구서는『미수범의 불법성(Das Unrecht der versuchten Tat, 교수자격논문, 1989)』이고, 세 번째 책이 바로 본 번역서인『형법상의 불법과 피해자의 자기책임(Strafrechtliches Unrecht und die Selbstverantwortung des Verletzten, 1993)』이다. 이 책들의 제목에서도 이미 드러나듯, 독일 형법학에서 저자가 천착한 주제들은 — 한철 반짝하고 사라지는 한여름 히트송 같은 것들이 아니라 — 심도 있는 철학적 깊이와 그 근원성으로 인해 관련 문제들에서는 지금도 반드시 고려해야 하는 특별한 학문적 지위를 차지하고 있다. 이것이 바로 이 책이 — 1993년에 출간되어 시간적으로는 비록 20년이 넘는 세월이 지났지만 — 여전히 형법연구에서 간과되어서는 안 되는 중요한 이유이다.

이 책에서 다루고 있는 주제는 제목에서도 알 수 있는 것처럼 크게 두 가지로 분류해 볼 수 있다. 하나는 형법에서 불법이란 무엇이고, 어떻게 근거지워질 수 있는가 하는 것이며, 다른 하나는 책임의 범위를 구분해주는 기준인 원칙으로서의 자기책임을 어떻게 (형)법적으로 규정할 것인가에 관한 것이다. 그러나 이 두 물음은 서로 분리시켜 생각할 수 없는 상호유기적인 관계 속에 있다. 왜냐하면 불법의 기본적 성격과 내용적 특성에 대한 정확한 파악을 위해서는 법적 의미에서의 자기책임(= 자율성, 자유)에 대한 올바른 이해가 전제되어야 하며, 인간의 자율성을 숙고하지 않은 불법 개념은 내용 없는 공허한 진술에 불과할 것이기 때문이다. 또한 자율성과 자기책임은 — 저자가 서문과 본문에서 재차 강조하고 있는 것처럼 — 어떤 행위의 불법에 대한 문제에서 비로소 의미를 갖게 되는 것이 아니라, 적극적인 의미에서의 법은 오히려 이러한 개념 위에서 출발하고 있다.

책임 개념은 개인이 책임 있는 행위를 통하여 만들어낸 결과의 산물인 법영역의 존재와 한계를 말해 주는 것이다. 저자에 의하면 자기책임은 인간의 자기관계이며, 자기결정은 최고의 의미에서 주관적인 것으로서 타인의 판단을 배제하는 인간의 자기존재성을 포괄적으로 언급하고 있다. 하지만 법적 의미에서의 자기책임이란 자기결정과 자기존재의 포괄적인 공간에서 나오는 오로지 자유에 기초한 부분에만 해당되는 것이다. 이 부분은 타인과의 관계 속에서 개개인의 자기결정을 내포하고 있으며, 이것이 바로 상호승인관계에 터 잡고 있는 법의 영역이다. 이런 맥락에서 자기책임은 이중의 의미를 지니며, 한편으로는 그 속에서 한 사람의 자유가 실증되고, 다른 한편으로는 타인의 자유에 대한 존중을 말한다. 행위가 타인과 동등하게 공유하고 공존하는 세계에서 일어날 때, 이는 개인의 자기결정에 의한 행위로도 이해할 수 있고, 타인에 대해 관계를 맺는 행위로도 이해될 수 있는 것이다. 그래서 저자는, 법은 한 사람과 타인과의 관계에서 이루어지는 것이며, 그 기초는 외적인 상호주관성의 승인 관계라는 것을 강조한다.

또한 불법은 법(= 상호승인관계)의 부정이며, 넓은 의미에서 형법상의 불법은 국가의 최종 단계에서 그리고 국가가 행사하는 법적인 형벌권에서 비로소 제대로 파악될 수 있기 때문에, 인간의 자기관계에 상응하게 발전된 자기책임 개념만이 또 국가에 대한 관계로 연결될 수 있다. 이런 이유로 저자에 따르면 불법을 인정하는데 중요한 것은 — 규범위반으로 이해하는 통설적인 견해와는 달리 — 불법의 내용적 관점, 말하자면 타인의 자유에 대한 실제적인 침해이다. 불법에서는 근본적으로 존재하는 인간들의 평등관계가 행위자가 우위가 된 상하관계로 전도되게 된다. 불법의 성격은 피해자가 자신의 자유의 기본적인 존립조건(= 법익)이 승인받고 있다는데 대한 근본적인 신뢰를 갖고 있기 때문에 이러한 공격에 대비할 필요가 없다는 특징이 있다. 그러므로 에른스트 아마데우스 볼프(E. A. Wolff, 1928—2008)와 차칙을 중심으로 한 — 인간의 자유를 토대로 하여 형법을 근거지우는 — 자유법칙적 형법관에서 파악하는 형법상의 불법이란 "법으로 보장된 기본신뢰에 대한 구체적인 침해이며, 타인 또는 국가가 법질서가 인정하는 자신의 현존재에서 자력으로는 감당할 수 없는 방식으로 침해되는 것을 전제"하는 것이다.

이러한 형법철학적 배경 위에서 저자는 지금까지 독일 판례와 문헌에서 전개되고 논의된 것과는 다른 자기책임과 타인책임을 구분하는 판단 기준을 발전시키고, 피해자 행동의 상이한 특성에서 여러 유형을 예를 들어 실증하고 있다. 이 책을 통해 한국 형법학에서도 자기책임과 타인책임을 구분해주는 견고한 토대와 새로운 기준을 정립하는 계기가 되었으면 한다.

끝으로 번역의 긴 여정을 인내하고 이해해주신 이 책의 저자인 차칙 교수님께 깊이 감사드리며, 또 이 책의 번역에 많은 관심을 가지고 좋은 조언을 해주신 장영민 교수님께도 고마움을 전한다. 그리고 『자기존재와 법(2018)』에 이어 차칙 교수님의 두 번째 한국어 번역서인 『형법상의 불법과 피해자의 자기책임』을 토담미디어에서 출간할 수 있도록 해준 홍순창 실장에게도 감사드린다; 이 두 권의 책이 토담에서 출간되게 된 배경에는 시가 맺어준 아름답고 특별한 인연이 있다.

시를 쓰고 읽는다는 것은 인간의 자기존재를 성찰하고 자신의 근원으로 돌아가는 한 방법이기도 하다. 이런 의미에서 궁극적으로는 또 이 책의 내용과 크게 무관하지 않은 — 그러나 일견에는 어느 정도 서로 연결이 어려울 수도 있는, 그렇지만 눈 깊은 독자는 그 깊은 은유를 유추할 수 있고 형법과 관련해서도 많은 것을 시사해주는 — 기형도 시인의 시 두 편을 인용하며 역자 서문을 맺고자 한다. 시를 인용할 수 있도록 허락해 주신 시인의 "가을밤의 어둠 속에서 냉이꽃처럼 가늘게 휘청거리며 걸어왔던 큰누이"(「위험한 가계·1969」) 기향도 선생님께도 아낌없는 지원과 격려에 깊이 감사드린다.

2019년 유월
손미숙

전문가

이사 온 그는 이상한 사람이었다
그의 집 담장들은 모두 빛나는 유리들로 세워졌다

골목에서 놀고 있는 부주의한 아이들이
잠깐의 실수 때문에
풍성한 햇빛을 복사해내는
그 유리담장을 박살 내곤 했다

그러나 애들아, 상관없다
유리는 또 갈아 끼우면 되지
마음껏 이 골목에서 놀렴

유리를 깬 아이는 얼굴이 새빨개졌지만
이상한 표정을 짓던 다른 아이들은
아이들답게 곧 즐거워했다
견고한 송판으로 담을 쌓으면 어떨까
주장하는 아이는, 그 아름다운
골목에서 즉시 추방되었다

유리담장은 매일같이 깨어졌다
필요한 시일이 지난 후, 동네의 모든 아이들이
충실한 그의 부하가 되었다

어느 날 그가 유리담장을 떼어냈을 때, 그 골목은
가장 햇빛이 안 드는 곳임이
판명되었다, 일렬로 선 아이들은
묵묵히 벽돌을 날랐다

가을 무덤 — 제망매가

누이야
네 파리한 얼굴에
철철 술을 부어주랴

시리도록 허연
이 영하의 가을에
망초꽃 이불 곱게 덮고
웬 잠이 그리도 길더냐.

풀씨마저 피해 날으는
푸석이는 이 자리에
빛바랜 단발머리로 누워 있느냐.

헝클어진 가슴 몇 조각을 꺼내어
껄끄러운 네 뼈다귀와 악수를 하면
딱딱 부딪는 이빨 새로
어머님이 물려주신 푸른 피가 배어 나온다.

물구덩이 요란한 빗줄기 속
구정물 개울을 뛰어 건널 때
왜라서 그리도 숟가락 움켜쥐고

눈물보다 찝찔한 설움을 빨았더냐.

아침은 항상 우리 뒤켠에서 솟아났고
맨발로도 아프지 않던 산길에는
버려진 개암, 도토리, 반쯤 씹힌 칡.
질척이는 뜨물 속의 밥덩이처럼
부딪치며 하구로 떠내려갔음에랴.

우리는
신경을 잃는 중풍병자로 태어나
전신에 땀방울을 비늘로 달고
쉰 목소리로 어둠과 싸웠음에랴.

편안히 누운
내 누이야.
네 파리한 얼굴에 술을 부으면
눈물처럼 튀어 오르는 술방울이
이 못난 영혼을 휘감고
온몸을 뒤흔드는 것이 어인 까닭이냐.

차례

형법상의 불법과
피해자의 자기책임

서론

형법에서 의사자유의 문제를 둘러싸고 간간히 전개된 격렬한 논쟁을 회고해 본다면,[1] '피해자의 자기책임'[2]과 같이 직접 자유에 대한 진전된 이해와 관련된 개념이 판례[3]와 문헌[4]에서 이토록 빨리 수용된 것은 놀라운 일이 아닐 수 없다. 이것은 피해자 자신의 행동이 비로소 범죄의 실현을 야기한 사례들에서 아주 중요한 관점들이 피해자의 자기책임이라는 개념을 통

---

1 형법적 시각에서 여러 입장을 개관한 것으로는 *Dreher*, Die Willensfreiheit, 특히 18면 이하, 29면 이하 참조. 자유의 문제점에 관한 심도 있는 연구는 특히 *Köhler*, Die bewusste Fahrlässigkeit, 133면 이하, 191면 이하 참조.

2 이 표현방식은 통일된 것은 아니다. '본인책임(Eigenverantwortlichkeit)' (가령 *Otto*, Tröndle-FS, 157면 이하; *Walther*, Eigenverantwortlichkeit und strafrechtliche Zurechnung(본인책임과 형법상 귀속), 특히 94면 이하)이라고 하는 학자도 있다. 자살과 관련하여서는 자살에 대한 결단의 '자발적인 책임(Freiverantwortlichkeit)'이라는 말이 자주 쓰인다(예컨대 Schönke-Schröder-*Eser*, vor § 211 난외번호 36). 그렇지만 이러한 표현상의 차이로 인해 사안의 판단이 달라지는 것은 아니다. ― 이 개념을 또 사안별로 분류한 것은 *Hohmann/König*, NStZ 1989, 304―308면 참조.

3 중요한 판결로서는 BGHSt 32, 262면 이하, 예컨대 BGH NStZ 1984, 452면 이하 = *Fünfsinn*의 평석이 있는 StrV 1985, 56면 이하; NStZ 1985, 25면 이하; NStZ 1986, 266면 이하; NStZ 1987, 406면 이하; NStZ 1988, 127면 이하; 이 외에도 BayObLG NZV 1989, 80면 이하 참조.

4 가장 손쉽게 찾아 볼 수 있는 예는 이 주제에 관한 두 개의 박사학위 논문이다: *Ralf-Peter Fiedler*, Zur Strafbarkeit der einverständlichen Fremdgefährdung, 1990; *Susanne Walther*, Eigenverantwortlichkeit und strafrechtliche Zurechnung, 1991. 전체를 잘 조망할 수 있는 문헌으로는 *Dreher-Tröndle*, StGB, vor § 13 난외번호 19, vor § 211 난외번호 4―6. 참고로 이 개념들은 전적으로 새로운 것이 아니라, 과거의 많은 논문에서 다루어졌었다는 점을 언급해 둘 필요가 있다; 이에 관해서는 BGHSt 32, 262면 이하의 *Kienapfel*의 평석, JZ 1984, 752면. 오래된 논문으로는 가령 *Klee*, GA 48 (1901), 177면 이하, 337면 이하, GA 49 (1902), 246면 이하, 364면 이하; *Gerland*, VDA, Bd. II, 487면 이하, 그리고 특히 *Binding*, Handbuch des Strafrechts, 1. Band, 695면 이하 참조.

해 적절하게 부각되었음을 말해준다.[5] 그런데 '피해자의 자기책임'이라는 표현에서 벌써 법개념으로서의 이 말의 의미는 다양하며, 구체적인 정의를 필요로 하고, 사안을 판단함에 있어서 피해자의 자기책임이라는 개념을 사용하는 것이 단순히 직관이나 우연에 머물러서는 안 된다는 것을 알 수 있다. 침해가 야기된 사안에 성급하게 피해자의 자기책임을 거론하는 것은 행위자에게는 사건에 대하여 책임이 줄어드는 반가운 결과를 가져다줄 수도 있다.[6] 그렇지만 반대로 피해자는 이중으로 어려운 상황에 놓이게 된다: 즉 피해자는 행위자(= 가해자)의 행위에 대해 법적으로 보호받지 못하는 것은 물론이고, 그 결과가 자기 탓이라는 비난까지 받게 된다.[7] 따라서 이를 방지하고 이 개념을 공정하게 적용하기 위해서는 피해자의 자기책임 개념에 관한 구체적인 법학적 규정이 필요하다.

　이 과제를 수행하는 데에는 이례적인 어려움이 따른다. 규명하려고 하는 피해자의 자기책임이라는 개념은 '행위자'와 '피해자' 간 상호행위의 관계를 주목하게 만드는데,[8] 이 상호행위의 관계를 가지고 정말로 '행위자'와 '피해자'의 관계인지 여부를 심사해야 한다.[9] 이 때문에 형법상의 불법을 규

---

5 이 책에서 논의될 사례들의 (우선) 이러한 광범위한 개념에 관하여는 *Frisch*, Tatbestandsmäßiges Verhalten und Zurechnung des Erfolgs, 148면 참조.

6 이러한 시각에 대하여는 *Hillenkamp*, Vorsatz und Opferverhalten, 192면도 참조.

7 이에 관해서는 예컨대 BGH NStZ 1987, 406면(의사의 치료행위를 거부하는 태도를 보인 것으로부터 '자기책임 하에 원했고 자기위태화가 현실화되었다'는 결론을 도출하였다) 또는 OLG Frankfurt, StrV 1988, 398면 이하(강간 피해자가 되는 여성이 피고인과 함께 여러 음식점과 술집을 전전하다가 자기 부모 집에서 차 한 잔 마시고 가라고 피고인을 초대한 것이 경솔한 행동으로서 위험을 스스로 야기했는가에 대하여 검토했으나 결론적으로는 부인하는 입장을 보였다) 참조.

8 이미 *Amelung*, GA 1977, 1—17면도 이를 적절히 지적한 바 있다. 그렇지만 범죄학에서는 몰라도 (협의의) 법학에서는 그 관계를 외적으로 묘사하는데 그쳐서는 안 된다는 점은 강조할 필요가 있다.

9 이 글에서는 — 사안을 '자기책임'의 관점에서 검토한 결과 외부인에게 정범의 지위를 인정하지 않게 된다고 하더라도 — 자기침해에 대하여 외부에서 가담한 사람을 '행위자', 피해를 입은 사람을 '피해자'라고 칭한다.

정함에 있어서는 피해자가 행위한 영역과 책임을 지는 영역이 본질적으로 포함되게 된다. 이것은 큰 파급효과를 가져오는 원칙적으로 중요한 의미를 지닌다. 이를 고찰하기 위해서는 현재 보편적 합의를 이루어낸 형법적 사고에는 없는 사고상의 두 단계를 밟아 나갈 필요가 있다. 하나는 피해자의 인격체 속에서 행위의 결과를 다시 고려해야 한다는 것, 즉 불법의 한 차원인데, 이 차원을 형법학은 지난 수 십 년간 차츰 도외시하였고 규범에 대한 행위자의 관계로 대치해 왔다.[10] 다른 하나는 결과를 행위자의 행위의 소산이라는 시각에서만 평가하지 않고, 한걸음 더 나아가 자주적인 ('책임 있는') 법인격체로서의 피해자의 행위라는 관점에서 고찰하는 일이다. 그래서 '불법론에서 피해자의 재발견'[11]은 범죄행위에 대한 결과의 재발견, 따라서 불법을 재실질화 하는 것은 물론, 학계에서 이미 여러 차례 전개된 바 있는 법과 불법 사이에 상호인격적(= 인격체 서로 간의) 구조가 존재한다는 인식을 추가로 가져다주는 것이기도 하다.[12]

'피해자의 자기책임'을 수용한다는 것 속에는 불법을 제한하는 원칙도 포함된다는 논리적 관계를 염두에 두면서,[13] 자기책임이라는 말이 근거 없

---

10 이러한 전개에 관하여는 *Zaczyk*, Das Unrecht der versuchten Tat, 86면 이하 참조. 이렇게 볼 때 자기책임의 문제를 행위불법의 문제로 분류하는 프리쉬(*Frisch*)의 시도(Tatbestandsmäßiges Verhalten, 33면 이하, 148면 이하)는 한편으로는 저자가 연구하는 영역에 대한 언급한 전개의 귀결이다; 그렇지만 다른 한편으로 프리쉬는 피해자의 영역을 행위의 중심에 놓지 않고 규범에 맞춘 고찰에 머무르고 있으므로, 자기책임의 의미 규정에서 겨우 반걸음 정도만 진전을 하고 있다. 그렇기 때문에 그의 개별적인 분석은 불가피하게도 너무 간단하다: 예컨대 자기침해의 경우에 의사결함의 의미에 관한 설명은 171면 이하 및 각주 68 참조. — 프리쉬(*Frisch*)의 논문, NStZ 1992, 1면 이하, 62면 이하는 비록 6면에서는 적어도 출발점에서는 진전된 새로운 관점을 도입하고 있다(구성요건과 '이해관계 상황'); 하지만 논문의 본문에서는 이 단서가 충분히 유지되지 못하고 있다(6면과 67면 참조. 여기서는 '이해관계 상황'에 관하여 최소한 언급이라도 했어야 했다).

11 이는 *Küper*, GA 1980, 201—217면. 이에 관해서는 *Neumann*, Die Stellung des Opfers im Strafrecht, 225면 이하도 참조.

이 지어낸 권한의 무책임한 전가에 머물지 않고[14] 서두에서 언급한 개인의 자유와의 필연적인 결합을 보충적으로 연결시킨다면, 이 원칙을 견고한 근거 위에서 불법론에 도입하고, 이 원칙을 그 근거와 한계에 따라서 비판적으로 규정해야 할 필요성이 있음은 다시금 명확해진다고 하겠다. 이 과업을 수행하는 것이 이 연구의 목적이다. 그래서 연구의 순서는 제1장에서는 먼저 판례에 나타난 이 원칙의 전개를 서술하고, 이 원칙이 학계에서 정립되어 간 과정을 분석하려고 한다. 제2장에서는 자기책임을 법원칙으로 확장하고, 불법에 대한 근거지움의 절차를 해명한다. 끝으로 제3장에서는 구체적인 개별사례를 대상으로 이것이 형법상의 불법인지 혹은 자기책임 하의 자기침해인지의 여부에 대한 판단을 가능하게 해주는 기준을 제시하고자 한다.

---

12 특히 *E.A. Wolff*의 논문들; 가령 Kausalität von Tun und Unterlassen, 33면 이하; ZStW 81 (1969), 886면 이하; Die Abgrenzung von Kriminalunrecht zu anderen Unrechtsformen, 137면 이하. 또 Ernst-Joachim Lampe, Das personale Unrecht, 여러 곳과 Harro Otto, ZStW 87 (1975), 539면 이하. — 볼프의 입장을 따르는 견해로는 *Köhler*, Die bewusste Fahrlässigkeit, 특히 133면 이하, 199면 이하; *Kahlo*, Das Problem des Pflichtwidrigkeitszusammenhangs bei den unechten Unterlassungsdelikten, 269면 이하; AK-*Schild*, vor § 13 난외번호 46 이하; *Zaczyk*, Das Unrecht der versuchten Tat, 126면 이하.

13 '피해자의 자기책임'이 행위의 '불법'을 수정할 수 있다는 데는 — 개별적인 이해에서는 차이가 나지만 — 대체로 합의가 이루어져 있다: 이를 입증해주는 것은 *Lackner*, StGB, vor § 211 난외번호 12; 또 최근에는 *Frisch*, NStZ 1992, 1면 이하와 4면 참조. 그렇지만 이것은 자기침해를 형법상 중요한 영역에서 배제하는 것을 전제로 한다; 이에 관해서는 후술하는 본문을 참조.

14 이에 착안한 *Hillenkamp*의 적절한 비판은, Vorsatztat und Opferverhalten, 135면 이하, 192면 이하 참조. 불법을 제한하는데 있어서 '피해자학의 원칙'을 인수하는데 대한 이 비판은 (이 방향으로의) 현저한 발전이 이루어지고 있음에도 불구하고 중요하다. 왜냐하면 이 피해자학의 원칙이 규범적 토대를 갖추지 않는 한, 법에서는 근본적인 힘을 발휘할 수 없기 때문이다.

제1장

형법에서 '자기책임' 개념의 전개

I. 판례의 전개과정과 학계의 논의

1. 개관

'피해자의 자기책임'이 불법을 제한하는 '원칙'[15]의 반열에 든 것은 독일 제국법원과 연방대법원 그리고 그 외 몇몇 법원의 판결에서 잘 입증되고 있다. 학계의 문헌들이 중요한 이론적인 사전작업을 해 놓기는 하였지만,[16] 이 원칙은 그 문헌들에서는 직접적인 효력을 발휘하지 못하고, 직접적인 효력은 특히 연방대법원의 몇몇 판결에서 나타났다.[17] 그러나 판례의 전개는 일관되게 한 방향으로 가지 못했으며, 그저 직면한 당해사건의 해결만 염두에 둔 것이었다. 따라서 이 글의 진행상 뒤에서 하게 될 개념상의 작업을 고려하면서 판례들의 입장을 임시적으로라도 정리해 둘 필요가 있다.

---

15 이렇게 명시적으로 언급하고 있는 BGHSt 37, 179면 이하의 판결 요지 참조.

16 예로 들 수 있는 것은 이미 인용한 *Klee*(주 4)의 논문; *Exner*, Frank-Festgabe, 제1권. 569면 이하; *Roxin*, Gallas-FS, 241면 이하; *Schünemann*, JA 1975, 435면 이하, 511면 이하, 647면 이하, 715면 이하, 787면 이하.

17 이런 이유에서 호른(Horn, JR 1984, 513면)은 다음과 같이 쓸 수 있었다: "자기위태화라는 개념을 만들어 내고 이 특수한 문제를 다루는 사람은 [⋯] 해결을 볼 수 없을 것이다." 그렇다고 하더라도 이 개념이 별반 의미가 없기 때문에 그것이 "그렇게 중요한 것은 아니다"라는 호른의 생각은 적절치 않다; 끝으로 자기 자신에 대한 인식 없는 과실행위는 구성요건해당성을 배제한다는 호른의 전제는 너무 일반적이다(513, 514면). — 판례의 전개과정에 관하여는 *Walther*, Eigenverantwortlichkeit, 7면 이하도 참조.

2. 판례의 전개과정

a) 의도적인 자기침해

문제의 출발점이 되는 것은 피해자가 의도적으로 스스로를 해하고, 이 과정에서 행위자가 범행에 기여한 사안들이다. 실무상 특히 자살의 경우가 이에 해당한다. 판례의 전개과정을 설명하는데 자살의 사안으로부터 시작하는 것은 잘못된 선택으로 보일지도 모른다. 왜냐하면 지금까지 독일 연방대법원은 이 분야를 판단하는 핵심원칙으로서 '자기책임'을 부정했기 때문이다.[18] 그렇지만 '자기 스스로 책임져야 할 자기침해'라는 형법상 큰 의미를 갖는 기본사상이 이 분야 속에 들어 있고, 필연적으로 이 분야로 다시 귀결되어야 한다는 것이 앞으로 해명될 것이다.[19] 판례의 건설적인 논증은 무엇보다도 이른바 '공범논거' 쪽으로 흘렀다. 이미 독일 제국법원[20]은 자살에 관여한 경우, 정범(= 자살자)의 행위가 구성요건에 해당하지 않기 때문에 자살관여 행위는 처벌되지 않는다는 이유로 무죄를 선고한 바 있다. 결과발생에 관여한 공범의 책임을 결정적으로 차단하는 이 논거는 개인의 자기책임의 '원칙'이 제공한 것이 아니라, 단지 자살이라는 자기침해를 포착할 구성요건이 없다는 점, 말하자면 결국 '형식적인 (공범)종속성 논거'

---

18 이에 관해서는 특히 BGHSt 32, 367면 이하 참조; 이 판결에 대한 적절한 비판은 가령 *Schmitt*, JZ 1984, 866면 이하; *Eser*, MedR 1985, 6면 이하 그리고 이와 다른 경향을 보이는 것으로는 *Herzberg*, JA 1985, 184면 이하 참조. 이 분야의 판례를 전체적으로 다룬 글로는 *Gropp*, NStZ 1985, 97면 이하 참조.

19 따라서 BGH NStZ 1988, 127면의 다음과 같은 언급은 일관성이 있다: "본 연방대법원의 부는 조심스럽게, BGHSt 32, 262면 이하의 판결에 따라서 진지하고 자기책임 하에 한 자살결의에 대하여는 앞에서 언급한 연방대법원 제3부의 판결보다(BGHSt 32, 367면 이하) 더 큰 법적 의미를 부여하려고 한다."

20 RGSt 70, 313면 이하.

가 제공한 것이었다.[21] 이 논거는 그 후[22] 고의의 자살에 과실행위로 관여한 경우에도 일관되게 원용되었다. 고의의 (공범)행위로 형사처벌 될 수 없는 행위는 과실행위의 경우에도 처벌될 수 없다는 것이다.

그러나 행위에 대한 구성요건이 존재하지 않는다는 것만으로는 이 사안에 관여한 행위가 형법적으로 중요하지 않다는 것을 설명할 충분한 이유가 되지는 못한다. 이 사안들의 경우에는 일반적으로 인정되는 간접정범의 성립가능성이 충분히 있다.[23] 따라서 왜 좁은 의미의 공범만을 검토하고 간접정범의 성립가능성은 검토하지 않는지는 더 설명되어야 한다. 판례도 단순히 행위자의 의사만을 가지고 심사하지는 않았으며, 이 경우에는 하나의 행위 중심(자살자)이 다른 행위 중심(외부자)을 가담에서 배제하고 있다는 점을 인정한다.[24] 그런데 이것은 — 그 기준이 행위지배의 개념을 토대로 하는지 여부와는 상관없이 — 일단 발생한 침해를 염두에 두면서 관여한 법영역에 대하여 상이한 비중을 부여하는 오로지 **내용적** 기준을 통해서 해야 하는 것이다; 여기서 이른바 공범논거는 근거지움 과정의 **결과**이지, 근거지움의 일부가 아니라는 것도 분명해진다. 찾으려고 하는 내용적 기준이란 스스로 책임지는 자기침해가 — 구체적으로는 좀 더 자세히 규정되어야 하겠지만 — 일어났는가를 확인하는 것이다. 판례에서도 이 인식이 점차 더 분명하게 확산되어 갔으나,[25] 다만 자기관련적(= 자기 자신과 관련된)

---

21 Schönke-Schröder-*Eser*, vor §§ 211 이하, 난외번호 35.; *Neumann*, JA 1987, 244면 이하와 246면 이하도 참조.

22 BGHSt 24, 342면 이하 = *Welp*의 평석과 함께 JR 1972, 426면 이하; 이 판결에 관해서는 *Spendel*, JuS 1974, 749면 이하도 참조.

23 가령 RGSt 25, 242면 이하나 BGH GA 1986, 507면 참조. 이 두 판결에서 간접정범 혹은 직접정범인지의 문제는 제기되지 않았다; 이 경우는 다수설에 의하면 간접정범이 성립한다. 이에 관하여는 *M.K. Meyer*, Ausschluss der Autonomie durch Irrtum, 9면 이하, 23면 이하의 설명 참조.

24 BGH NJW 1960, 1821면 이하 (1822면). 이에 관해서는 *Gallas*, JZ 1960, 649면 이하, 686면 이하도 참조.

행위를 한 자가 의식이 없는 상태가 된 후에는 사건에 대한 지배(범행지배)는 보증인에게로 넘어갈 수 있다는 모순적인 전제를 함으로써 주춤하게 되었다.[26]

b) 자기위태화가 선행된 자기침해

'자기책임'의 개념이 불법을 제한하는 원칙으로서 실로 신속하게 전개된 곳은 피해자의 자기침해 이전에 먼저 자기위태화가 선행한 경우로서, 자기 자신에 대한 과실행위라고 말할 수 있는 사례들에서였다. 이미 독일 제국법원은 뱃사공—사건 또는 메멜(Memel)강—사건[27]이라고 불리는 판결에서 이에 관한 설득력 있는 토대를 마련한 바 있다. 폭풍우가 심하게 치는 험한 날씨에 두 여행자가 뱃사공에게 메멜강을 건너게 해달라고 사정했다. 너무나 집요하게 부탁을 하는 바람에 뱃사공은 할 수 없이 승낙을 하였다. 그의 작은 배가 폭풍우로 뒤집혀 두 여행자는 익사하고 말았다. 뱃사공은 원심에서 과실치사의 유죄판결을 받았다; 제국법원은 이와 달리 다음과 같은 이유로 뱃사공에게 무죄를 선고하였다: "두 사람(= 피해자들)은 사리판단을 할 줄 아는 성인 남자들로서, 강을 건너는 데 수반되는 위험을 전혀 감지하지 못하였으며, 피고인도 이 점에서는 마찬가지다. 그런데 피고인에게

---

25 판례에 관한 개관은 *Eser*, MedR 1985, 6면 이하도 참조; 이러한 맥락에서 앞에서 언급한 판례 NStZ 1988, 127면도 여기에 해당한다.

26 이 논거는 BGHSt 32, 367면 이하에서 확인되었다. 또 BGH NStZ 1983, 117면 이하도 참조 — 먼저 언급한 연방대법원의 판결에 동의하는 입장은 *Herzberg*, JA 1985, 131면 이하, 177면 이하, 265면 이하. 모순되게 행위지배가 이전한다고 인정한 입장에 대한 비판은 가령 *Roxin*, Dreher-FS, 331—348면 이하; 그 밖의 문헌은 Schönke-Schröder-*Eser*, vor §§ 211 이하, 난외번호 43; LK-*Jähnke*, vor § 211 난외번호 23 이하.

27 RGSt 57, 172면 이하. 자기위태화에서 판례의 전개과정에 관해서는 *Walther*, Eigenverantwortlichkeit, 8—20면 참조.

는 이 두 사람과 관련해서 보호나 도움의 의무를 부과할만한 사실이 (…) 전혀 인정되지 않는다. 피고인은 이 두 사람에게 배의 운항에 동반되는 위험을 속인 것도 아니고, 또 아주 성급하게 자기 개인의 이익을 위해서 맹목적이거나 완전히 무관심하게 될 대로 되라는 식으로 그들의 요구에 응한 것도 아니다 (…)."[28] 제국법원은 이 사안에서 아직은 '자기위태화'의 개념을 사용하지 않았고, 또 과실을 여전히 책임형식으로 보고 있다. 그렇지만 이 사고의 틀 안에는 자기책임의 원칙이 이미 드러나고 있다. 그 후 유사한 상황에 대한 제국법원의 판결[29]이나 연방대법원의 판결[30]은 이와 마찬가지로 과실의 개념(의무위반, 예견가능성)이나 승낙의 개념에서 답을 찾고 있다.[31, 32] 전환의 조짐은 BGH JR 1979, 429면(이른바 에트리움, 마약성분이 들어 있는 진통제 사건)[33]에서 나타났다. 이 사안에서는 — 루돌피(Rudolphi)를 원용하여[34] — "스스로를 위험에 빠뜨린 사람의 자유롭고 전적인 자기책임의 행위를 자기위태화를 가능하게 만든 자에게 귀속시킬 수 있는지"[35] 여부가 검토되었다. 결정적인 분기점이 된 것은 BGHSt 32, 262면 이하의 판결이었다[36]: 피고인은 마약 중독자에게 일회용 주사기를 구해주었는데, 이 마

---

28 앞의 (주 27), 173면 이하.

29 예컨대 *Mittermaier*의 평석이 들어 있는 RG JW 1925, 2250; RGSt 64, 143면 이하; 73, 239 이하; 370면 이하 (373면 이하); 77면, 17면 이하 참조.

30 예컨대 BGHSt 4, 88면 이하; 6, 232면 이하; 7, 112면 이하; 17, 359면 이하.

31 특히 도로교통에서의 자기위태화에 대한 승낙에 관하여는 예컨대 KG JR 1955, 428면 이하; BayObLG NJW 1957, 1245면 이하; OLG Celle DAR 1964, 138면 이하; OLG Köln, NJW 1966, 895면 이하; OLG Karlsruhe, NJW 1967, 2321면 이하; *Kienapfel*이 평석한 BayObLG JR 1978, 296면 이하 참조 — 이 사례들에 대한 심도 있는 고찰은 *Geppert*, ZStW 83 (1971), 947면 이하 참조.

32 연방대법원은 BGHSt 17, 359면 이하(Pockenarzt, 천연두의사 사건)에서 의사가 '자유의사로' 행위했다는 지방법원의 판결을 인용했다. 이에 대해서는 *Rutkowsky*, NJW 1963, 165면도 참조.

33 이에 관해서는 *Hirsch*의 평석, JR 1979, 429면 이하도 참조.

34 SK, vor § 1 난외번호 79.

35 JR 1979, 429면 오른쪽 난.

약 중독자가 주사기에 치사량의 헤로인을 넣어 스스로 주사를 하여 사망하였다; 피고인은 무죄판결을 받았고, 이유는 타인의 스스로 책임져야 할 자기위태화에 관여한데 불과한 것으로서, 이러한 행위는 살인죄의 구성요건에 해당하지 않는다는 것이었다. 일련의 다른 판결들이 연방대법원 형사 제1부가 내린 이 판결에 동조하였고,[37] 이 판결들은 지금은 원칙으로까지 격상된 자기책임의 사상에 이따금 인식 있는 자기침해(특히 자살)까지도 내포했던 언어적 분기점을 제공해 주었다.[38] 그래서 — 특히 BGH NStZ 1988, 127면의 지적이 있었기 때문에 — 과실에 의한 자기침해와 마찬가지로 고의에 의한 자기침해에 대해서도 이 원칙이 일반적으로 인정될 것으로 기대했었지만, 마약을 건네 준 경우 발생한 자기위태화 사례에서 BGHSt 37, 179면 이하[39]의 판결은 이 원칙에 의문의 여지가 있음을 시사하고 있다: 연방대법원 제4부는 이 사건에서 과실치사를 인정했던 종래 판례의 입장을 어느 정도까지 유지할 것인지의 여부에 대하여 명확히 하지 않았다.[40]

c) 자기책임의 원칙에 대한 학문적 규정의 필요성

방금 마지막에 언급한 전개과정은 이 사고과정의 현 단계에서 판례가

---

36 이 판결은 여러 차례 평석된 바 있고 널리 지지를 얻었다; 이 논의에 대한 요약은 *Walther*, Eigenverantwortlichkeit, 각주 32 및 14면. 추가적으로 언급해야 할 것은 *Stree*, JuS 1985, 179면 이하와 *Otto*, Jura 1984, 536면 이하의 평석이다.

37 이에 관한 예시는 앞의 주 3 참조.

38 예를 들면 BGH NStZ 1985, 25면 이하(26면) ('Stechapfeltee', 흰독말풀차): "이 판결(BGHSt 32, 262)에 따르면 자살이나 자기침해는 그것이 자유롭고 스스로의 책임 하에서 원해서 실행한 경우에는 살인죄나 상해죄의 구성요건에 해당하지 않는다."

39 이에 관하여는 *Hassemer*, JuS 1991, 515면; *Rudolphi*, JZ 1991, 572면 이하; *Beulke/Schröder*, NStZ 1991, 393면 이하; *Hohmann*, MDR 1991, 1117면 이하.

40 BGHSt 37, 179—181면. 저자의 생각에 이 유보는 이 판결에 대한 문헌의 논평(주 39 참조)에서 제대로 평가되지 않은 것 같다.

개별사례에서 자기책임의 원칙을 적절히 다루었는지 여부에 대해 판단하는 것은 불가능하다는 것을 보여준다. 이를 위해서는 개별사건의 판단에 국한하지 않는 이 원칙에 대한 학문적 규정이 필요하다.

3. 학계에서의 논의: 세 가지 예를 중심으로

범죄행위를 판단함에 있어서 어떤 형태로든 의미를 갖는 '피해자의 행동'을 고려하는 것은 형법에서 낯선 것은 아니다. 이는 피해자의 승낙, 과실행위에서 신뢰의 원칙, 타인에게 주류를 판매하는 사람의 보증인 지위의 문제 또는 착오에 빠져 자기 자신에게 피해를 주는 행위를 하는 자의 사례에서 착오를 야기한 자의 간접정범의 성립 문제만 보아도 잘 알 수 있다.[41] 그리고 이것이 '자기책임'과 '피해자 영역'의 관계, 특히 판례의 새로운 전개과정과 관련해서 깊이 있는 학문적 연구의 동기를 제공했으리라고 짐작할 수 있다. 그렇지만 이것은 '자기책임'을 양적인 면에서 불법을 제한하는 적격한 원칙으로 고양시키는 방법을 모색하는데 그치지만은 않는다. 여기서 개인의 자율성을 지적함으로써[42] 기껏해야 근거지움의 방향은 제시했다고 할 수 있지만, 근거지움이 이미 이루어진 것은 아니라는 점은 강조할 필요가 있다.[43] 왜냐하면 자기책임의 원칙의 실효성은 바로 한 사람의 자율성이 타인의 행동으로 말미암아 침해된 상황을 둘러싸고 정해져야 하기 때문이다. 따라서 여기서 다루는 사례, 즉 발생한 결과에 대하여 피해자의 자기책임이 있는 사례들에서는 '행위자'의 관점과 '피해자' 관점의 상호성을 유지하

---

41 다른 분야에 관해서는 *Hillenkamp*, Vorsatztat und Opferverhalten, 1면 참조.
42 가령 *Kratzsch*, Oehler-FS, 65면 이하나 *Dreher-Tröndle*, vor § 13 난외번호 19 참조.
43 이 점에서 책임원칙의 적용범위에 대한 회의적인 적절한 입장은 *Küper*, JZ 1989, 941면 이하.

고 있는 자율성에 관한 규정이 필요하다.

이러한 심도 있는 규정이 지금까지 행해지지 않았다는 (저자의) 주장은 형법해석학의 연구에서 '자기책임' 원칙에 중점을 둔 세 저작에 대한 비판적인 검토를 통해 입증될 수 있을 것이다.

a) 피들러(Fiedler)의 논문

『양해 하에 이루어진 타인위태화의 가벌성에 관한 연구 — 피해자학적 원칙을 중심으로(Zur Strafbarkeit der einverständlichen Fremdgefährdung — unter besonderer Berücksichtigung des viktimologischen Prinzips)』라는 책[44]에서 피들러는 그 명칭('피해자학')만으로도 이 문제권에 중요한 의미를 갖는 관점을 제시하는 이론적 맥락에서 이 주제에 접근했다. 피들러의 고찰은 쉬네만(Schünemann)이 다음과 같이 표현한 '피해자학의 원칙'을 기초로 하고 있다: "사회위해를 방지하기 위한 국가의 최후수단으로서의 형벌의 부과는 피해자가 보호를 받지 않으려고 하거나 보호를 필요로 하지 않을 때는 적절하지 않다."[45] 이러한 생각으로 피해자의 자기책임을 고려하는 것이다. 이 원칙을 배경으로 하여 피들러는, 개별사안에서 결과가 뻔히 예상되는데도 스스로를 위험상황에 처하게 한 피해자가 보호를 받아야 할 것인지의 여부를 형량(衡量)을 통해 판단하려 한다. 그러나 이러한 질문을 제기하고 이 질문을 '피해자학의 원칙'과 관련시키는 한 대답은 자명하다: 즉 피해자가 위험을 완전히 인식하고 스스로를 그러한 상황에 빠지게 했다면, 그를 보호해 줄 필요도 없고 그가 보호를 받아야 하는 것도

---

44 이에 관해서는 저자의 서평 *Zaczyk*, GA 1991, 571면도 참조.
45 *Schünemann*, NStZ 1986, 439면 이하 (439면); 위의 인용은 *Fiedler*, 122면에서 볼 수 있다.

아니라는 것이다. 피들러는 자신이 예로 든 사례에서 그렇게 판단하고 있다.[46] '자기책임'의 원칙이 여기서 심도 있게 분석되었는지를 밝히려면 피들러가 한 추론과정의 맥락에 대한 정확한 고찰이 필요하다. 그는 헌법의 인간상이 개인의 자기책임을 내포하고 있다는 점을 지적한다.[47] 그리고는 바로 그 다음 단계에서 자기책임에서 '피해자학의 원칙'으로 넘어간다.[48] 그렇지만 여기에는 사고의 중요한 연결고리가 빠져 있다. 왜냐하면 헌법의 인간상은 불법을 야기한 타인과의 관계 속에서의 개인을 규정하는 것이 아니라, 즉 인간을 능동적 그리고 수동적으로 구분하지 않고 근본적으로 인간의 법인격성에서 규정하기 때문에, 그래서 본질적으로 인간을 서로 긍정적인 관계로 설정한다. 이러한 자기책임의 개념에서, 타인에 의해 위험한 처지에 놓이게 되고 그 위험의 회피를 말하자면 자기책임으로써 방어해야만 하는 개개인의 상황으로 직접 넘어갈 수는 없다. 이 원칙이 앞서 언급한 피들러의 논문에서는 제대로 규정되지 않았으며, 이 점은 그가 매우 상이한 관점에서 유입되는 행위자의 이익과 피해자의 이익 간의 형량을 통해서 결론에 도달하고 있다는 사실이 보여준다.[49] 그러나 사건에 대하여 외부에서 정한 이러한 형량을 통한 책임의 '귀속'은 그 본질(자기결정)이 이와 같은 형량의 **정당성** 문제도 다루는 원칙과 연관시킬 수 없다.[50] 논리구조상 타당한 원칙으로 본다면, 자기책임의 완성된 형태 그 자체는 책임의 범위를 서로 구분해 주는 기준을 제시할 수 있어야 하는 것이다.

이를 '피해자학의 원칙'으로 해낼 수 없다는 것은 이 원칙이 어디서 유

---

46 *Fiedler, Fremdgefährdung*, 183—193면.

47 앞의 책 (주 46), 119면.

48 앞의 책 (주 46), 122면.

49 앞의 책 (주 46), 178—182면.

50 이에 대해서는 이미 저자의 서평 (주 44) 참조.

래하는지를 살펴보면 재차 분명해진다. 피해자에 관한 이론으로서의 피해자학의 근원과 출전이 되는 곳은 1970년대 초 경부터 많은 관심을 받은 범죄학이다.[51] 그 기본사상은 범죄행위 연구의 시야를 넓히고 고찰을 함에 있어 피해자도 고려하자는데 있다; 이를 통해서 행위자와 피해자는 "형법의 한 쌍(couple penal)"이 된 것이다.[52] 그러나 현상에 대한 이러한 범죄학적 이해는 외견상으로만 법적 결론을 이끌어 낼 수 있을 뿐이다.[53] 왜냐하면 누군가가 피해자라는 사실로부터 이것이 '타당한 방식'으로도 그러한가라는 질문에는 대답된 것이 없기 때문이다. 이 질문에 대한 대답은 피해자학에 초점을 맞춘 범죄학으로 해결될 수 있는 규범상의 부차적인 문제가 결코 아니다. 오히려 이 문제를 해결하기 위해서는 관점의 완전한 전환이 필요하다. 필요한 것은 자기책임의 개념을 법적이고 실천적인 관계개념으로 진지하게 받아들이고, 행위자와 피해자가 확정된 다음에야 비로소 등장하는 것이 아닌 '자기책임'의 원칙을 법적으로 규정하는 일이다.

b) 슈만(Schumann)의 논문

개인의 자기책임이라는 것이 법원칙으로 직접 받아들여진 것은 슈만의

---

51 그 뿌리는 더 깊다; *Hans v. Hentig*의 첫 연구서는 행위의 피해자에 관한 것이었다(The Criminal and his Victim, New Haven 1948). ─ 이에 관한 일반적인 것은 *Schneider*, Kriminologie, 1987, 751면 이하 참조.

52 *Mendelsohn*, Revue internationale de criminologie et de police technique, 1956, 99면, *Fiedler*, 144면에서 인용.

53 그러나 이러한 결론은 특히 사기죄의 구성요건에서 반복해서 시도되었다. 이에 관하여는 *R. Hassemer*, Schutzbedürftigkeit des Opfers und Strafrechtsdogmatik, 32면 이하; *Frowin J. Kuth*, Das Mitverschulden des Opfers beim Betrug, 특히 109면 이하, 175면 이하. 이에 대한 비판으로는 *Hillenkamp*, Vorsatztat und Opferverhalten, 특히 180면 이하, 192면 이하; 이 외에 *Ebert*, JZ 1983, 633면 이하 참조.

논문에서이다.[54] 이 원칙에 대한 슈만의 근본적인 성격규정은 그의 저서 서두에서 찾아볼 수 있다. 슈만에 의하면 인간의 자유문제는 존재학적으로 해결할 수는 없지만,[55] 독일 법질서는 자기결정에 대한 능력이 있는 인간상을 '채택했다'고 한다. 여기서 슈만은 이 기본원칙은 가령 행위자의 책임에서만 법적 의미가 있는 것이 아니라, '법'원칙으로서 책임영역, 즉 법의 영역을 구분하는데도 중요하다고 적절히 강조하고 있다.[56] 또 단순히 법질서가 '정해 놓은 것'에서는 이 원칙에 대한 견고한 이론적 토대를 찾을 수 없지만 (물론 그것은 이 결정이 어떻게 근거지워지고, 누가 그 결정을 하느냐에 달려있다), 슈만이 단순히 논증 토포스(= 논거)가 아닌 현실적인 원칙을 고찰의 기초로 했다는 점은 분명하다.

그는 이 원칙을 피해를 야기한 인과과정과 대비시킴으로써 구체화한다. 어떤 사람에 의해서 발단된 인과과정이 피해자 자신 또는 다른 제3자에 의해 결과로 이어졌다면, "이 사람들도 기본적으로는 자유롭고 책임 있게 행위 하는 사람들로 보아야 하기 때문에, 그들의 행위와 결과는 원칙적으로 그들의 책임영역 내에 있으며 최초 행위자의 책임영역에 있는 것이 아니다."[57] 이는 다시 다른 관점에서 "원칙적으로 (…) 타인은 제3자나 자기 자신에 대해 주의의무에 반해서 행동해서는 안 된다"[58]라고 표현되고 있다.

---

54 Strafrechtliches Handlungsunrecht und das Prinzip der Selbstverantwortung des Anderen (1986).

55 앞의 책 (주 54), 1면.

56 앞의 책 (주 55), 2면: "[…] 모든 인간에게 적용 […]". 무엇보다도 이 원칙이 형법에서 "구체화 될 필요가 있다"고 분명히 언급하면서 헌법에서 이 원칙을 도출하는 글은 *Walther*, Eigenverantwortlichkeit, 78면 이하도 참조.

57 앞의 책 (주 54), 1면.

58 앞의 책 (주 54), 5면.

슈만은 그의 논문에서 이 원칙을 너무나 당연하게 받아들임으로써, 이 원칙을 그 적용범위에 따라 구분하여 규정하려는 시도를 하지 않고 있다. 그렇지만 법원칙으로서의 자기책임과 도덕의 기본조건으로서의 자기책임을 ― 뒤에서 다시 설명하겠지만 ― 구분하는 것은 필요하다. 나아가 자기침해의 상이한 방법에 대해서 뿐 아니라, 타인이 가한 상이한 강도의 침해와 관련해서도 자기 법익의 존립에 대한 아주 상이한 요구를 검토해야 한다. 그렇지만 슈만은 이러한 시도를 하지 않았다.[59] 대신에 그는 곧바로 이 원칙의 구체화에 돌입하고 있다. 이런 식의 방법은 법적으로 활용 가능한 결과를 신속하게 얻을 수 있게 해 줄지는 모른다. 하지만 기본 규정이 부실한 것을 보완해 주지 못하며, 개별 결론의 발견을 제어해 주지도 못한다. 이는 예컨대 슈만이, 자기책임의 원칙에 관한 그의 입장에 의하면 타인(정범)만이 사건의 책임을 지는데도 불구하고, 교사와 방조를 처벌 가능하다고 보는 사실에서도 잘 나타난다.[60] 슈만은 이것을 공범의 처벌근거가 (미수범에서의 인상설과 마찬가지로) "법의 효력에 대한 사회심리학적 위험을 창출하고, 안전한 법적 평화감을 교란시키는데 적합한"[61] 행위를 기도한 데 있다는 식으로 근거지우려고 한다. 그렇지만 바로 여기서 슈만의 논문에서 법원칙으로서 자기책임의 사상이 기본규정에서 제대로 전개되지 못하고 있다는 점이 더 분명히 드러난다. 무엇 때문에 자기책임을 지는 각 시민은, 타인이 불법행위를 저지름으로써 보여준 '나쁜 시범'을 자기 자신(개개 시민)의 행위의 기준으로 수용하기를 거부하고 스스로 자기책임에 따라 항상 올바른 방향으로 결정하지 못하는 것일까? 이러한 근거 위에서 교사나

---

59 이에 대해 비판적인 글로는 *Meurer*, NJW 1987, 2424면과 *Frisch*, JZ 1988, 655면도 참조.

60 *Meurer* (주 59)도 참조.

61 앞의 책 (주 54), 50면.

62 슈만은 형벌부과의 근거로 타인에게 불법을 야기하게 한 것을 명시적으로 배제하고 있다(49면).

방조로 처벌하는 것은[62] 개인 상호 간의 근원적인 독립성을 주장하는 바로 이 원칙에 반하는 것이다. 슈만이 그의 논문에서 이 원칙의 승인을 아주 중요한 것으로 여기는 것만큼이나 이 원칙은 규명되지 않은 채로 방치되어 있다.

c) 마이어(M.K. Meyer)의 논문

'자기책임'의 원칙이 비교적 상세히 연구된 것은 마이어의 『착오로 인한 자율성의 배제(Ausschluss der Autonomie durch Irrtum)』[63]라는 저서에서 이다. 이 책은 주로 착오로 인하여 야기된 피해자의 자기침해의 사례에서 간접정범이 성립하는 근거는 무엇인가의 문제를 다루고 있다.[64] 마이어는 여기서 착오 개념에 선행하는 (착오가 없는) 올바른 행위의 방향은 무엇인가라는 물음을 개인의 자유와의 관계 속에서 제기하고 있다; 이러한 단서가 중요한 의미를 갖는 이유는, 이를 통해 이 글의 서두에서 언급한 자유와 자기책임의 연결 관계를 알 수 있기 때문이다. 특히 개인의 자유가 자기침해 행위와 연관성이 있다면 '피해자의 자기책임'을 인정하기 위한 근본적인 설명이 필요하다.

자유를 규정하면서 마이어는 행위자유와 의사자유를 구분한다.[65] 행위자유는 우선 외적 자유로, 즉 행위를 현실화할 수 있는 가능성으로 이해되고 있다. 이것은 일반적으로 법을 외적인 행동과 그에 대한 규정에 국한하여 이해하는 근대 법이해의 전통이다. 마이어는 '행위자유'에 대한 상세한

---

63 1984년 발간 — 이 책에 대해서는 *Küper*의 서평 JZ 1986, 219면 이하와 *Neumann*, GA 1985, 474면 참조.

64 Ausschluss der Autonomie, 1면.

65 앞의 책 [주 64], 75면 이하.

설명에서 이 개념을 "인간의 행위자유는 그가 하고 싶어서(= 원하는 대로) 기꺼이 하거나 이성적으로 행위(해야) 할 능력에 있다"고 규정한 헤르만 칸토로비츠(Hermann Kantorowicz)의 표현을 사용하고 있다.[66] 마이어에 의하면 이 개념은 그 "핵심에서"는 자율성 개념과 일치한다고 한다.[67] 반면에 의사자유는 "그가 자연적 존재로서 원하는 것과는 다른 것을 원하는 인간의 능력에 그 본질이 있다"[68]고 한다. 행위자유와 의사자유의 이러한 구분은 이제 이 문제와 관련된 철학 문헌에서도 보게 된다.[69] 그렇지만 이 책에서는 자유에 관한 두 관점 간의 연관성이 훨씬 더 뚜렷이 강조된다.[70] 행위자유에 대한 칸토로비츠의 개념을 개별요소로 분해해 보면 그가 이 문제를 너무 단순하게 보고 있음을 쉽게 알 수 있다. 외적 자유의 성격묘사는 "원하는 대로(wie man … möchte)"의 행위라는 보충설명으로 충분하지만, "그저 원하는 대로(= 마음대로, wie man will)"의 행위라는 의미로 표현할 수도 있다. 그런데 칸토로비츠는 (마이어도 마찬가지로) "기꺼이(gern)"라는 말을 추가하고 있다. 이것으로, 특히 "(…) 또는 이성적으로 행위해야 한다"는 보충을 통해 외적 행위와 주체 자신을 통한 규정 간의 관계가 더 분명해진다. 이것으로 외적인 행위자유의 개념은 행위의 규정이유의 영역으로까지 확장되었다. 아니면 '마지못해' 행위한 경우는 행위에 **외적** 장애가 있는 것이라고 해야 할 것인가?

---

66 Tat und Schuld, 11면. 인용은 마이어(Meyer)의 책 82면에서 볼 수 있다.

67 앞의 책 (주 64), 75면 이하.

68 앞의 책 (주 64), 82면; 이것도 역시 칸토로비츠(Kantorowicz)의 책(주 66)에서 인용한 것이다.

69 가령 Weischedel, Skeptische Ethik, 123면 이하 또는 Windelband, Über Willensfreiheit, 19면 이하 참조, 하지만 또 106면 이하도 참조. 그 밖의 참고문헌으로는 Burkhardt, GA 1976, 321면 이하 (각주 64와 함께 332면) 참조.

70 이에 관해서는 또 Kahlo, Das Problem des Pflichtwidrigkeitszusammenhangs bei den unechten Unterlassungsdelikten, 각주 4와 함께 303면 참조.

이 문제를 더 논하기에 앞서 마이어의 논문에서 사용된 의사자유 개념에 관하여 자세히 검토해 볼 필요가 있다. 의사자유의 개념은 의사를 형성함에 있어 본능적 과정에 종속되지 않는 인간의 경험에서 나오는 특별한 특성이라고 한다. 의사자유의 이러한 본질적 관점은 이미 칸트도 강조한 바 있다: "모든 사물은 법칙에 따라 움직인다. 오로지 이성적인 존재만이 **법칙의 표상에 따라**, 즉 원칙이나 의사에 따라 행위 할 능력이나 **의사를** 가진다."[71] 그렇지만 이것은 — 본질적인 것이기는 하지만 — '하나의' 관점에 지나지 않는다. 왜냐하면 (칸토로비츠에게서) 중요한 것은 '달리' 원하는 것 (= 하고 싶은 것)이기 때문이다. 이 '달리'는 분명히 원하는 목표를 함께 고려하는 것이다. 그리고 의사는 반드시 행위를 규정하는 것으로 이해되어야 하며, 희망과는 구별되어야 한다.[72] 그런데 행위를 규정하는 의사의 이 측면은 칸트도 늘 고려한 것이다.[73] 칸토로비츠와 마이어 같은 시각으로 본다면 의사는 단순한 내적 경험으로 남고 자유에 관한 물음과는 전혀 무관한 것이 된다. 왜냐하면 의사내용의 실현 가능성이 함께 고려되지 않는다면, 누가 무엇을 원하는지, 그가 자연적 존재이기를 원하는지 영웅이기를 원하는지는 전혀 중요치 않기 때문이다. 이러한 규정은 의사에 대한 느낌을 말하는 것이지만, 의사 그 자체는 아닌 것이다.

여기서 행위자유에서 방치된 실마리를 다시 끌어 들이게 되면 자유의

---

71 *Kant*, Grundlegung zur Metaphysik der Sitten, in: Werke Bd. 6, 41면 (BA 36). 강조한 부분은 원문을 따른 것임.

72 가령 아이가 별이 무릎 위에 떨어지도록 '하겠다'고 하는 것, 이는 *Scheler*, Der Formalismus in der Ethik und die materiale Wertethik, 139면에 나오는 예.

73 Grundlegung zur Metaphysik der Sitten (주 71), 41면; 또한 19면 (BA 3) 참조: "[…] 선의지란 [단순한 소원 같은 것이 아니라, 그것이 우리의 힘 안에 있는 한 이루기 위해 모든 수단을 다 동원하는 것을 말한다 […]." — 마이어의 칸트에 대한 설명(133면 이하 참조)은 오해의 소지가 있다; 그의 논문에서 칸트의 사상을 묘사하려고 했다면 그 설명에는 아주 문제가 많다.

두 측면(의사자유와 행위자유)이 확정적으로 서로 구분될 수 없으며, 나아가 서로 분리될 수 없다는 것이 분명해 진다.[74] 양자는 오히려 하나의 맥락 속에 있다. 마이어의 경우처럼 이 사실을 간과한다면, 이러한 결함 있는 파악의 여파는 의사와 행위 및 그 자유에서부터 개별적인 결과에까지 나타나게 될 것이다.

저자의 이 주장은 마이어의 저서에 들어 있는 두 가지 보충적인 고찰에서 입증될 수 있다. 그에 의하면 행위자의 착오는 **행위자유**에 영향을 준다고 한다.[75] 이것은 마이어의 주제에 있어서 중요한데, 이유는 착오를 일으키게 한 사람은 이 행위 부자유에 원인을 제공한 사람이므로 간접정범의 역할을 한 것으로 설정할 수 있기 때문이다.[76] 그렇지만 이것은 마이어 자신이 말한 행위자유의 개념과 일치하지 않는다.[77] 착오는 행위-가능성에 대한 외적인 장애가 아니라, 의사형성의 결함 그 자체이다. 물론 이와 관련하여 어느 정도까지 이러한 의사의 실현이 (예컨대 자기침해의 경우) 의사와 행위실현 간의 전형적인 사례에서 여전히 연관성을 갖는지를 물을 수 있을 것이다. 그렇지만 이때에도 행위자유의 외적인 장애가 생기는 것은 아니다.

그런데 — 이것은 둘째 비판인데 — 행위자유를 외적 실현에 방해받지 않을 가능성으로 규정한 것도 마이어의 논문에서는 일관되게 관철되지 못했다. 행위자유의 개념 속에는 행위자 스스로가 세운 목표실현이 함께 고려되어야 하며, 그렇지 않으면 행위자의 자유라는 것은 어불성설이 될 것이다. A가 무언가가 일어나기를 원하고, B가 이 목표를 실현한 때에는 B의 외

---

74 이것은 법에서 자유가 더 자세한 규정을 필요로 한다는 사실에도 불구하고 타당한 것이다.
75 앞의 책 (주 64), 83면 이하.
76 주 75와 같은 곳.
77 마이어는 주 75에서 언급한 곳에서, 그가 이미 앞에서 내린 의사자유의 정의를 '실질적 행위자유'와 같은 추가적 개념들로써 현저하게 보완하고 있다.

적 행위자유도 관련된다. 그러나 마이어는 그의 책 여러 곳에서 타인의 행위를 승낙한 사안을 피해자의 자기침해와 똑같이 취급하자고 한다. 이 두 경우는 관련자들의 자율성에 따른 것이라는 논거를 들고 있다. 그러나 자율성이 그 "핵심에서"[78] 행위자유와 일치하는 것이라면, 왜 **타인의** 행위를 발생케 한 것이 자신의 행위와 동일한 것인지를 설명할 수 있는 추가적인 근거부여의 단계가 필요하다. 주지하는 바와 같이 현행 독일법은 형법 제216조(촉탁살인죄)를 두면서도 자살의 불가벌성을 승인한다는 점에서 잘 나타나듯 이 두 유형을 구분하고 있다.[79] 그리고 자기침해의 경우에는 전체 사안이 스스로 침해를 야기한 사람의 영역 내에 있는 반면에, 승낙의 경우에는 한 사람의 행동이 다른 사람에게 피해를 주고 있으며, 이것이야말로 불법이 발생하는 전형적인 상황이라는 것을 유념한다면, 이 구별은 분명히 해 두어야 한다.[80] 이 구분이 갖는 법원칙적인 의미 또한 이 연구의 진행과정에서 비로소 해명될 수 있을 것이다.

결론적으로 확인할 수 있는 것은, 마이어의 논문에서 '자율성'과 '자기책임'의 개념은 출발점에서는 올바른 방향으로 전개되었지만, 본질적인 요소들은 상호 간에 제대로 규정되지 않은 채로 남아 있다는 점이다.

---

78 이 입장은 *M.K. Meyer*, 132면.

79 형법 제216조(촉탁살인죄)의 존재에 대한 마이어(*Meyer*)의 설명은 이러하다: 이 규정은 불가벌인 원칙에 대한 예외규정이다. 앞의 책(주 64), 14면 이하. 그렇지만 자기침해와 합의 하에 이루어진 타인책임을 구조적으로 동일한 것으로 보고 이론을 전개한다면, 입법자가 형법 제216조(촉탁살인죄)로서 예외를 규정한 것이라고 단정하는 것으로는 **충분하지** 않다; 이러한 단정의 정당성을 자신의 기본규정과의 관련성 하에서 설명해야 할 필요가 있다.

80 이에 관해서는 (현상에 더 초점을 두고 있는) *Roxin*, Gallas-FS, 241—250면도 참조; 역시 동저자, Dreher-FS, 331면 이하와 345면 참조.

II. 요 약

I에서의 설명은 우선 현 단계의 논의에서 피해자의 자기책임의 문제가 얼마나 큰 주목을 받고 있는지를 보여주었으며, 나아가 또 이 문제와 관련하여 생기는 어려움을 해결하는데 법원칙적인 충분한 규명이 아직 없다는 것도 밝혔다. 이때 앞서 설명한 문헌들과 또 기타 많은 연구들에서 언급되고 있는 자기책임 원칙과 관련되는 개별 문제들이 다양하다는 점은 이 원칙을 법원칙으로서 그 실효적 적용범위에 따라 규정하는 것이 얼마나 필요한 것인지를 보여준다. 이것이 이제 뒤에서 행해질 것이다.

법원칙으로서의 자기책임(기초규정)

I. 서술절차에 관한 개관

　다음 고찰의 목적은 '자기책임'이라는 개념을 법적 의미에서 형법상 불법 개념과의 관계 속에 자리 잡을 수 있게 만드는 것이다. 이때 슈만 (Schumann)의 저서에서도 적절히 강조되고,[81] 연구대상인 이 개념이 이미 언어적으로 직접 내포하고 있는 사고와 연결될 필요가 있다: 원칙으로서의 자기책임은 **일반적**이고 **적극적**인 의미를 갖는 것이어서, 가령 불법의 구분에서 중요한 행위자·피해자의 분류에 훨씬 선행하는 것이다. 그렇지만 이 것까지를 고려한다고 하더라도 이 원칙에 관한 연구는 통상적인 법적 사고 방식으로는 쉽게 해낼 수 없는 추가적인 특수성이 있음이 드러난다: 이것 은 우선 어떤 법규범의 존재와는 아무런 상관없이 직접 책임 있는 사람에 게서 시작하며, 그리고 그는 이 원칙에서 곧바로 법규범과의 관계 속으로 진입하는 것이 아니라, 직접 자기 자신과 연결된다. 이 원칙을 불법과의 관계에서 안정적으로 적용하기 위해서는 가장 먼저 이 의미의 근거가 해명되어야 한다. 그렇지만 여기서 이런 성격을 가진 개념과 **다른** 사람의 위법한 행위 사이의 관계가 간단히 정립될 수 없다는 것도 분명해 진다; 이 어려움을 간과하고 있는 것이 형법상 이 개념에 관한 현재 논의의 근본결함이다. 왜냐하면 여기서는 '자기책임'이 단지 (타인책임에 대한) 방어적 성격만을 갖는 것으로 봄으로써 이 개념에 대한 왜곡된 인상을 유발하기 때문이다. 그렇지만 이것은 자기책임의 본래의 의미도 아니며, 자기책임의 법적 내용

---

81 Selbstverantwortung (앞의 주 54), 2면 참조.

을 말한 것도 아니다. 오히려 '자기책임'에서 말하는 (법이 본래 토대로 하고 있는 실질적 기초로서) 인간이 타인과의 관계에서 갖는 기본적인 특성으로부터 출발하여 헌법질서 하에서 살고 있는 법공동체의 실정법에 이르는 단계적인 상향적 고찰이 먼저 행해져야 한다. '자기책임'은 이 각 단계에서 다른 모습을 띠게 되지만, 본질적으로는 더 자세히 규정되어야 할 인간의 자기관계이다. 왜냐하면 넓은 의미에서 형법상의 불법은 국가의 최종 단계에서 그리고 국가가 행사하는 법적 형벌권에서 비로소 제대로 파악될 수 있기 때문에, 이에 상응하여 발전된 '자기책임'의 개념만이 또 국가에 대한 관계로 연결될 수 있을 것이다.

이로써 뒤에서 행할 연구의 순서가 이미 제시되었다. 먼저 '자기책임' 개념의 토대가 설명되어야 할 것이다(II/1); 그 다음 타인과의 관계에서 이 원칙의 적용범위를 규정하고(II/2), 마지막으로는 실정법과 관련하여서 자기책임 개념을 고찰해야 할 것이다(II/3). 이 단계에서야 비로소 불법과 자기책임의 문제로의 이행이 이루어질 수 있다(III). 특히 II장의 각 단계들의 맥락에 관하여는 그간 기초적인 연구들이 이루어졌기 때문에,[82] 여기서는 중요한 진행단계에 따라서만 설명하기로 한다.

---

[82] 특히 *E.A. Wolff, ZStW* 97 (1985), 786면 이하, 806면 이하와 Die Abgrenzung von Kriminalunrecht zu anderen Unrechtsformen, 특히 162면 이하 참조. 이러한 노력에 대한 종합은 *Kahlo*, Das Problem des Pflichtwidrigkeitszusammenhangs, 269면 이하; 지금 이 책에서 다루는 특수한 문제들에 대해서는 또 *Köhler*, ZStW 104 (1992), 3면 이하, 특히 15면 이하, 39면 이하.

II. 적극적인 (법을 근거짓는) 규정에서의 자기책임

1. 자유와 자기책임

여기서 논의한 문제영역을 심도 있게 다룬 형법 문헌에서도 '자기책임'이라는 개념이 직접 개인의 자유와 연결된다는 점을 인정한다; 그 예로는 제1장에서 다루었던 연구서들을 들 수 있다.[83] 인간이 자신의 행위(작위와 부작위)에 대해서 책임질 수 있다는 것은, 인간은 그 현존재에서 완전히 결정되어 있는 타율적인 존재가 아니라, 결정하는 권위로서 질문을 받을 수 있고, 그 대답을 함에 있어서도 결정하는 권위로 이해된다는 것을 뜻한다.[84] 그래서 자율성과 책임 간의 직접적인 연관성이 타당하게 도출된다.[85] 자율성이란 자기결정을 말하며, 개인이 자기결정을 통해 자유를 경험한다

---

83 자유와 책임의 관계는 이 문제의 모든 철학적 논의에서 거의 자명한 것이다. 개략적으로 소개한다면 *W. Brugger* (편), Philosophisches Wörterbuch와 *Schwartländer*, in: Krings/Baumgartner (편), Handbuch Philosophischer Grundbegriffe에서 각각 표제어 'Verantwortung'을 참조. *Walter Schulz*, Philosophie in der veränderten Welt, 629면 이하 참조; *Hans Jonas*, Das Prinzip Verantwortung, passim(때로는 평이하게 피상화 되었지만). 끝으로 법에서 책임개념의 범위에 관해서는 *E.J. Lampe*가 편집 간행한 Bd. 14 des Jahrbuchs für Rechtssoziologie und Rechtstheorie 'Verantwortlichkeit und Recht'; AK–Schild, vor § 17 난외번호 46 이하, 특히 난외번호 59 참조.

84 이런 이유에서 책임은 대체할 수 없으며, 형벌의 목적에 의해서 걸러질 수 없고, 형사정책적 고려라는 척도에 따라 개인에게 다시 귀속시킬 수 없는 것이다; 만약 그렇게 된다면 그것은 더 이상 그의 책임이 아니며, 사실상 이 말은 단지 자유라는 단어를 통해서 타인의 목적에 순종하는 것을 은폐하는데 이용될 뿐이다. 이에 관한 다른 견해는 *Jakobs*, AT, 1/4 이하, 9 이하 참조.

85 주 83의 참고문헌 참조.

는 것을 보여준 것은 결정적으로 칸트의 업적이다. 왜냐하면 인간은 법칙에 **따라** 행위 하는 것이 아니라, 이성적인 존재로서 법칙의 표상에 따라 행위하기 때문이며, 이것은 인간이 의지를 지니고 있음을 뜻한다.[86] 정언명령("네 의지의 준칙이 일반법칙으로도 타당할 수 있도록 행위하라"[87])을 통해서 칸트는 많은 성과를 가져온 이성적인 의사결정의 방식에 대한 통찰을 얻었다[88]: 그것은 준칙(즉 주관적 원칙[89])을 일반화한다는 구상으로서 개인을 넘어서 다른 이성적인 존재에게로 향하는 (왜냐하면 일반 입법은 다른 이성적인 존재에게도 유효하기 때문에) 행위의 타당성의 기준이 발견된 것이다. 나아가 칸트는 올바른 행위의 결정은 이 행위를 조종하는 의지를 통해 이루어진다는 정언명령의 추론과정을 해명했다. 따라서 실천의 일반원칙은 이성적 의사결정을 가능케 하는 그런 원칙이어야 한다. 그리고 모든 개인 스스로가 자신의 능력을 통해 올바른 행위를 결정한다는 이 일반원칙의 형식을 궁극적으로 정언명령을 통해서 확고히 하였다. 칸트는 늘 이 능력의 어려움을 강조했으며,[90] 개인의 올바른 인식의 길을 막을 수 있는

---

86 이미 앞의 주 71 참조. 하지만 여기서의 '법칙'은 이미 법의 법칙으로 이해해서는 안 된다; 이에 대해서는 가령 *L.W. Beck*, Kants 'Kritik der praktischen Vernunft', 85면 이하, 109면 이하와 *H.J. Paton*, Der kategorische Imperativ, 70면 이하 참조.

87 Grundlegung zur Metaphysik der Sitten (주 71), 51면 (BA 52). 정언명령의 상이한 형태에 관해서는 가령 *Paton*, Der kategorische Imperativ, 152면 이하 참조.

88 철학적 의미에 관해서는 여기서 상세히 다루지 않기로 한다: 이에 대해서는 특히 *Dieter Henrich*, Das Problem der Grundlegung der Ethik bei Kant und im spekulativen Idealismus, in: P. Engelhardt (편), Sein und Ethos, 350면 이하와 Die Deduktion des Sittengesetzes, in: FS für Wilhelm Weischedel, 55면 이하와 *Henrich*의 논문 모음집인 단행본 『Selbstverhältnisse』에 있는 논문들 참조. 법학문헌에서는 가령 *Köhler*, Die bewusste Fahrlässigkeit, 133면 이하, 149면 이하.

89 이에 관해서는 *Kant*, Grundlegung zur Metaphysik der Sitten (주 71), 51면, Anmerkung. — 정언명령의 내용적 전개를 위한 준칙내용의 의미에 대해서는 *E.A. Wolff*, Die Abgrenzung von Kriminalunrecht zu anderen Unrechtsformen, 171면 이하.

장애들을 부각시켰다. 그러나 이성적 의사결정이 가능하다는 것은 칸트가 든 예에 대한[91] 사유적인 공감으로 알게 되고, 직접적인 자기경험이 이를 보여 준다. 그렇지만 이성적 자기결정의 가능성은 여기서 그치지 않는다. 이것은 특히 어떤 행위의 옳고 그름(선악)을 판단함에 있어서 자기결정이 없는 경우에는 단순한 허상에 불과한 것일 수 있다는 식의 의미부여를 한다는 데서도 나타난다. 따라서 (인식의 길을 막는) 장애들은 이성적 자기결정을 통해 극복되어야 하고, 칸트는 정언명령으로 사고에 이 전제에 대한 근거와 방향을 보여 주었다. 이런 이유에서 그는 자유와 절대적인 실천법칙 (즉 정언명령)은 상호연관성이 있다고 말할 수 있었던 것이다[92]; 정언명령은 자유의 인식근거(ratio cognoscendi)이지만, 자유는 그러나 정언명령의 존재근거(ratio essendi)인 것이다.[93]

자유에 관한 이러한 규정이 '결정론'과 '비결정론'을 단지 대비하는데 그치지 않고, 비결정론으로 분류되는 것임은 명백하다. 오히려 이것은 자연적으로는 제약을 받고 있는 주관성 속에서 그러한 주관성과 직접 결부되어 있으며, 이러한 제약을 깨고 개인을 자신의 그러한–존재로 본능에 내맡기지 않고 이성적인 자기결정에 대한 능력을 주고 그것을 고무하는 특별한 인적 결정형식으로서의 이성성에 대한 통찰에서 인간이 규정되어 있는 존재임을 승인하는 것이다.

자유의 성격에 대한 이러한 통찰로 '자기책임'에 대한 정확한 이해를 하

---

90 예컨대 Kritik der praktischen Vernunft (주 71), 142면 이하 (A 56 이하) 또는 Grundlegung zur Metaphysik der Sitten (주 71), 32 (BA 22/23) 참조.

91 Grundlegung zur Metaphysik der Sitten에 나오는 유명한 네 가지 예들 (주 71), 52면 이하 (BA 53 이하) 외에도 특히 이기적인 집관리인(Kritik der praktischen Vernunft — 앞의 주 71 —, 147면 이하—A 62 이하)의 예 참조.

92 Kritik der reinen Vernunft (주 71), 139면 (A 52).

93 Kritik der reinen Vernunft (주 71), 108면 Anm. (A 5).

는 것이 직접적으로 가능해진다. 왜냐하면 이를 통해 개인은 '스스로' 어떤 행위에 대하여 '책임질 수' 있는 존재이지만, 근본적으로는 자신의 이성적 결정에 지배를 받고 있는 존재라는데 대한 근거가 제시되었기 때문이다. 그런데 자유에 대한 이러한 이해가 '자기책임'의 토대임을 인정한다면, 인간의 이 근본규정에 대한 승인이나 부인을 결코 법질서의 결정에 맡길 수는 없는 것이다.[94] 오히려 이 논점 자체를 토대로 법질서를 파악해야 하며, 이에 근거해서 법질서가 만들어져야 하고, 또 이 논점에서 법질서의 기원을 찾을 수 있어야 하며, 이것이 자유로운 법질서라고 불릴 수 있기 위해서는 법질서가 이것을 요구할 수 있어야 한다.

물론 '자기책임'의 의미에 관한 원론적인 통찰만 가지고 직접 법을 향한 단계로 이행하는 것이 아직은 가능하지 않다는 것은 이미 지적한 바 있다. 왜냐하면 법은 한 사람과 다른 사람과의 관계에서 이루어지는 것이며, 그 기초는 외적인 상호주관성의 관계이기 때문이다. 이 관계의 존재는 개개인의 실천적으로-올바른 행동에 의해, 그래서 개개인을 통해 자율적으로 만들어지고 보장되는 것이지만, 자기결정은 이 영역에 한정되지 않는다. 자기결정을 언급함으로써 최고의 의미에서 '주관적'이며, 타인의 판단을 배제하는 인간의 자기존재성이 포괄적으로 언급된 것이다. 개인이 이러한 내적 공간에서 어떻게 자기이해를 하며, 이를 통해 각자의 세계관을 형성하는지는 근원적으로 타인이 아닌 **자기** 삶의 본질적인 부분이다. 자신의 타고난 능력을 완성시키는 것이야말로 자신의 의무라는 인식에 도달함으로써 이 영역을 윤리관념 아래에 두려 할 수도 있다.[95] 그렇지만 여기서 벌써 인식

---

94 *Schumann*, Strafrechtliches Handlungsunrecht, 1면, 4면 이하 참조; *Roxin*, Henkel-FS, 171—187면도 참조; 또 *Roxin*, MSchrKrim, 1973, 316면 이하(316면, 318면 이하)도 참조.

95 법적 의무와 윤리적 의무의 구분에 관해서는 *Kant*, Metaphysik der Sitten, in: Werke, Bd. 7, 323면 이하 (서언) 참조.

할 수 있는 것은 의무에 관한 물음의 출발점이 자기관련적(= 자기와 관련된 것)이라는 것, 즉 타인은 조언 등을 해 줄 수는 있지만 이런 식의 자기결정의 **실행**은 타인과는 아무 관계가 없다는 점이다; 칸트 식으로 표현하면: 타인에 대한 외적 입법은 불가능한 것이다.[96] 이 지점에서 상이한 두 가지 점을 확인할 수 있다: '자기책임' 개념을 통해 이성적인 자기결정을 할 수 있는 인간의 능력과 함께 인간의 자유가 규명되었다. 그렇지만 법에서 이 개념의 적합한 사용은 아직 확립되지 않았는데, 왜냐하면 이 개념 속에는 법적으로 중요하지 않은 자기책임의 영역도 있음을 암시하고 있기 때문이다. 따라서 법적 의미에서의 자기책임이란 자기결정과 자기존재의 포괄적인 공간에서 나오는 오로지 자유에 기초한 부분에만 해당되는 것이다.

2. 자기책임과 타인에 대한 관계

이 부분은 — 이미 언급한 바와 같이 — 타인과의 관계 속에서 개개인의 자기결정을 내포하고 있다는 것을 특징으로 하고 있다. 이것이 상호승인 관계에 터 잡고 있는 법의 영역이다.[97] 이 영역은 자기책임과 반드시 연결되어야 하며, 그 이유는 그렇게 하지 않으면 법적 자유를 생각할 수 없어서가 아니라, 법을 타율적인 결정과 동일한 것으로 보게 될 것이기 때문이다. 따라서 자기결정은 한 개인과 타인의 관계에 관한 것일 때에 효력이 생긴다는

---

96 주 95 참조.

97 철학에서 이것은 피히테에 의해서 완성되었다. 이에 관해서는 *Fichte*, Grundlage des Naturrechts nach Prinzipien der Wissenschaftslehre, 1796, in: Werke, 제3권, 특히 17— 56면 참조. 이에 대해서는 또 *J. Braun*, Freiheit, Gleichheit, Eigentum, 97면 이하 참조; *Zaczyk*, Das Strafrecht in der Rechtslehre J.G. Fichtes, 14면 이하와 Fichtes Lehre vom Rechtsverhältnis(1992)에 실린 논문.

것을 지적할 필요가 있다. 이제 타인에 대한 관계는 행위를 통하여 발생하며, 자기결정은 바로 행위결정이라는 것이 밝혀졌다. 행위가 타인과 동등하게 공유하고 있는 세계에서 일어날 때, 이 행위는 (당연히) 개인의 자기결정에 의한 행위로도 이해할 수 있고 타인에 대해 관계를 맺는 행위로도 이해할 수 있다. 이를 통해서 자기책임은 이중의 의미를 갖는다: 한편으로는 (행위자) 한 사람의 자유가 실증되는 것이지만, 다른 한편으로는 자신의 행위가 법적으로 정당한가라는 물음에 있어서 타인의 자유를 존중해야 한다는 것이다. 따라서 승인관계로서의 상호인격적 관계는 책임 있는 개인에 의해 상호적으로 형성된 관계이다.[98]

이때 중요한 것은, 자기책임은 이 영역에서 다음과 같은 인식을 통해서 확장된다는 점, 즉 자기관련적 단위로서의 개인과 나란히 타인도 동등한 권리를 가지고 살고, 그래서 그들의 장래 생존을 자유롭게 각자의 행위 속으로 조화되도록 하여야 한다는 것이다. 자유에 관한 다양한 현존재의 조건들을 구별하고 그 속에서 개개 법익의 실체를 파악함으로써, 여기서 관여한 자들이 이루어 낸 성과를 더 세분화할 수 있다; 그렇지만 지금 이 맥락에서 중요한 것은 인(격)적 법익들에 관한 것이고, 자유와 인적 법익들과의 관계는 너무나 자명하기 때문에 여기서 더 깊이 다룰 필요는 없다.[99] 우리 주제의 핵심은 상호주관적인 관계에서 자기책임의 의미를 지적하는 것이다: 실천적으로-올바른 행동을 통해 타인의 자유가 정립된다.

그런데 여기서 강조해야 할 것은 자기책임은 긍정적인 모습으로만 나타난다는 점이다. 개인은 타인의 자유로운 삶을 승인하는 동시에 스스로 올

---

98 이 관계의 심화된 근거지움은 다음 논문에서 찾을 수 있다: *E.A. Wolff*, Die Abgrenzung von Kriminalunrecht zu anderen Unrechtsformen, 162면 이하와 *Zaczyk*, Das Unrecht der versuchten Tat, 128면 이하.

99 이에 관해서는 *Zaczyk* (주 98), 특히 165면 이하 참조.

바른 행위를 결정하며, 이를 통해 공동의 법세계를 창설한다. 정언명령의 '일반 입법'은 그 입법이 갖는 상호적인 의미 속에서 구체화되고, 타인의 자유로운 현존을 통해 내용을 갖게 되는 것이다.

3. 법인격체와 국가

자기책임의 토대 위에서 다른 법인격체를 승인하게 된다는 것은 개개의 이성적 주체가 강건해졌다는 표현이다. 이것은 성숙의 과정이 있어야만 얻어지는 것이며, 그 성숙의 과정을 통해 획득하는 승인의 성취는 인간의 취약성을 제거해 준다. 국가이론의 역사에서 토마스 홉스(Thomas Hobbes)는 바로 이 점에 착안하였고, 여기서 출발하여 국가는 상호 불신을 극복하기 위해서 만든 것이라는 결론을 이끌어 냈다.[100] 칸트의 자율성 이론은 주체들을 근본적으로 상하관계 속에서 방어적으로 규정한 홉스 식의 사고를 극복하고 있다; 칸트에게 있어서는 이성적 자기결정의 능력이 중심이 되지만, 이는 이성적 결정능력이 취약할 수 있음을 추가적으로 성찰함으로써 깨닫게 되고,[101] 이 취약 가능성은 바로 관점의 개별성, 즉 전체가 아닌 개개인의 관점에서도 나온다.[102] 이것이 바로 국가의 설립과 보존 자체가 이성의 능력이었음을 밝혀 주는 대목이다. 개개인은 가능한 한 고립된 주관성

---

100 *Hobbes*, Leviathan, 특히 13장과 17장 참조.

101 *Kant*, Metaphysik der Sitten, Rechtslehre (in: Werke, Bd. 7), § 42 참조: 개개인은 "대체로 타인에 대해 주인 노릇을 하려는 (힘에 의하여 또는 간계로 자신이 더 우위에 있다고 느낄 때, 타인의 권리의 우위를 존중하지 않는) 사람들의 성향을 **자기 자신 안에서 충분히 지각할 수**" 있다(강조는 추가한 것임).

102 *Kant*, Metaphysik der Sitten (주 101), § 44 참조. 전체적으로는 *E.A. Wolff*, ZStW 97 (1985), 786면 이하, 특히 806면 이하와 Die Abgrenzung von Kriminalunrecht zu anderen Unrechtsformen, 185면 이하.

의 취약함에서 벗어나 보편적으로 정당한 것을 실현하기 위해 일반 조직을 창설하고 그 조직의 과업을 신뢰하게 된다. 이것이 가장 명시적으로 나타나는 곳이 일반성을 갖는 법률이며, 법률에서 이 일반성이 효력을 갖는다는 신뢰야말로 법률을 실효적으로 만드는 것이다. 일반 법률에서는 올바른 것을 위한 방향을 발견할 수 있을 뿐 아니라, 개개인에게 주어진 (합)법적인 공간을 추가적으로 확인하고 보장하고 있음도 알 수 있다. 개인은 더 이상 그저 타인의 '선의지'에만 의존하지 않고, 스스로 책임지는 자유로운 법인격체로서 승인되고 있음을 일반적으로 법률에서도 체험하게 되는 것이다. 이 것은 특히 형벌규범에 묘사된 방식으로 타인에 의해서 공격당하지 않는다는 형벌규범의 존재와 결부된 신뢰에도 적용된다.[103] 이러한 침해에 대해 법 제도인 '형벌'로부터 나오는 일반적 반응에서 보편적으로 승인받고 있음이 추가적으로 확인된다.[104]

따라서 국가에서 개개인의 이성능력의 실행은 자신의 행동을 규정함에 있어서 객관화되어 나타난다. 하지만 이 객관성의 근원은 개개인의 자유(자기결정)이며, (자유국가라고 하는) 객관성의 특성은 일반화의 실현에 있어 개개인의 확신에 의한 것일 때, 즉 이 관계에서도 이성이 일반화된 것일 때에만 유지된다는 점을 특히 지적해 둘 필요가 있다.

4. 요약

이제 '자기책임'은 법원칙이며, 그 요소들 자체는 개인과 단절된 것 같은

---

103 이에 관해서는 *E.A. Wolff*, ZStW 97 (1985), 818면 이하 참조.

104 이에 대해서는 *Köhler*, Der Begriff der Strafe, 50면 이하도 참조. — 이러한 형법규범관에서 는 평가규범과 의사결정규범의 구별이 없어지게 된다.

국가 차원에서도 여전히 유효하다는 것이 설명되었다. 그러나 이것은 이 시점까지는 오로지 긍정적인, 법의 현실을 형성하는 의미에서만 전개된 것이었다. 개인의 자기책임이 **불법**과의 관계에서도 사유상의 거점을 가지고 있는지의 여부, 그래서 그것을 형법에서 지금 다면적이고 신속하게 사용하는 것이 정당화되는가의 여부는 더 추가적인 검토를 통해서만 밝혀질 수 있다.

III. 불법과 자기책임

1. 형법에서 적극적 규정을 한 일차적 결과

a) 타인의 자유에 대한 침해로서의 불법

형법에서는 보통 행위자가 야기한 불법에 대해 행위자가 갖는 관계, 즉 행위자가 유책함(Schuld)을 지칭할 때 '책임(Verantwortung)'이라는 말을 쓴다. 이 맥락에서도 행위자의 자유는 불가피하게 고려되고 있지만,[105] 책임에 대한 이 개념의 관계에서 방금 앞의 II에서 설명한 것은 한걸음 더 나아간 것이다. 이 책임 개념은 법적인 모든 관계의 현실에 대하여 더 고양된 의미를 담고 있는데, 이유는 책임 개념이야말로 개인이 책임 있는 행위를 통하여 만들어낸 성취물인 법영역의 존재와 한계를 알게 해주기 때문이다. 그런데 이와 동시에 일차적으로는 개인에 대하여 형법규범에서 포착한 불법은 그것이 그의 인격성에 대한 침해, 즉 그 사람이 가진 실제 자유의 감소라는 것도 드러난다. 하지만 또 형법상 불법의 '통상사례'(즉 피해자의 관여가 없는 사안)에서는 일어난 사건이 타인의 자유와 관련하여 구체화 되고 있다. 상호적으로 보장되고 법규범을 통해 확립된 자유의 관계는 일방(행위자)의 잘못된 실행에 의하여 타방(피해자)의 자유영역이 억압되는 것으로

---

[105] *Streng*, ZStW 101 (1987), 273면 이하의 자유 없는 책임의 구상 시도에 대한 *Griffel*, MDR 1991, 109면 이하의 적절한 비판 참조.

변형되는 것이다. 불법은 법의 부정이기 때문에 피해자의 자유영역에 대한 관계처럼 행위자의 자유영역에 대한 관계도 말해준다[106]; 그렇지만 언급한 불법의 통상사례에서 관여자들은 확실하게 능동적인 측과 수동적인 측으로 대별된다.[107]

b) 자기침해는 불법이 아니다; 이 명제의 제한

이런 이유에서 우리의 주제에 직접적으로 중요한 의미를 갖는 중간 결론이 나오며, 이는 다수설의 견해와 일치하는 것이지만, 여기서는 추가적으로 근거가 제시되었다: 이와 같은 자기침해[108] 자체는 침해된 법익에 대하여 불법이 아닌데, 그 이유는 법에 있어 본질적인 것 그래서 불법에서도 본질적인 인간들 간의 상호관계가 자기침해에는 존재하지 않기 때문이다. 만약 우리가 개개인으로부터 그들이 가진 법익을 분리가능한 것으로 보아 떼어내어 대비시키고서, 외부에서 볼 때 법익의 담지자(= 법익의 주체)가 스스로에 대하여 행한 법익침해를 (자신에게 해를 가한?) 불법으로 본다면, 모든 법의 불가분의 기초인 (그래서 법에 의해서도 분리시킬 수 없는) 법인격체의 통일성은 파괴되게 될 것이다.[109] 그렇기 때문에 (형)법적인 의미에서 자기물건의 파괴는 손괴가 아니며, 자살은 살인이 아닌 것이다.

---

106 따라서 행위불법을 규범에 대한 관계 하에서만 규정하여 이해하는 불법론은 불법의 본질적인 실체면을 축소시키는 것이다. 이에 관하여는 예컨대 *Frisch*, Tatbestandsmäßiges Verhalten und Zurechnung des Erfolges, 23면 이하, 33면 이하 참조. 이 입장들에 대한 비판은 *Zaczyk*, Das Unrecht der versuchten Tat, 94면 이하.

107 (타인을 침해하는 등 외부로 향하는 자기행동으로서의) 불법의 개별 기준은 모두 적극적인 승인관계의 부정을 통해서 생기는 것이다.

108 이 말은 그렇게 하여 타인의 권리가 (단순히 도덕적인 권리뿐 아니라) 침해되지 않는 것을 말한다; 예컨대 형법 제109조(신체훼손에 의한 병역의무면탈죄) 참조. 이에 관해서는 또 이미 *Klee*, GA 48 (1901), 182면 이하 참조.

그렇지만 여기 이 토대에서 이 말의 한계도 고려될 필요가 있다. 자기침해는 외적 결과와 관련하여 보면 (그리고 이 말은 바로 타인의 관점에서 본다는 뜻이다) 침해, 즉 '손상'인 것이다. 특히 인격체의 직접적인 신체적 존립(생명과 신체)에 대한 자기침해에서 타인침해의 **형상**이 나온다. 법관계는 상호인격적으로 구성되어 있기 때문에, 타인은 반드시 법의 존립을 위한 이성적인 (공동의) 근거로 이해되어야 하므로, 타인에 대한 침해의 외적인 형상을 외부인은 아무렇지 않게 방관할 수는 없다. 사회성의 구성조건으로서의 법의 기본적 이해와 결부되어 있는 이 의미에서 볼 때, 자기침해의 사건이 법적 성격을 전부 상실하는 것은 아니다. 외부인의 가령 (자기침해) 행위를 막고자 하거나 또는 포기하게 하려는 행위들은 법의 이러한 사회적 토대로부터 그 정당성을 얻게 된다. 이 행위들에 대하여는 타인침해의 경우에 강제권능이 생기는 것과는 다른 정당화가 필요하다는 것은 분명히 해두어야 하는데, 왜냐하면 이러한 행위에는 타인침해가 성립하지 않기 때문이다. 그러나 이 행위들을 그 특성상 배려행위의 차원을 넘는 것으로 분류한다 하더라도 이 때문에 법으로서의 특징이 없어지는 것은 아니다. 그렇지

---

109 이러한 사례들에서 특히 자살의 경우에 법(가치)의 침해를 인정하는 이론의 결함은 법을 통해 법인격체의 통일성을 해체한다는 것이다(특히 *Schmidhäuser*, Welzel-FS, 801면 이하 참조; *Geppert*, ZStW 83 (1971), 947면 이하, 963면도 참조; *Herzberg*, ZStW 91 (1979), 557면 이하, 572면 이하; *Hoerster*, JZ 1971, 125면). 그러나 이러한 법이해는 그 자유로움이 (자유의 거점인) 개개인에게서 출발하는 것이 아니라, 오히려 독자적인 가치로서의 자유를 이미 주어진 삶의 관계에 비로소 도입하는 것이다. 이러한 방식으로 개개인과 무관하게 만들어진, 개개인에게 배당된 자유는 가령 그의 장래 생존에서 공동체의 이익에 대해 형량 될 수도 있는, 것이다. ― 이러한 사고는, 출발에서는 역시 *Dölling*의 논문(GA 1984, 71면 이하)에서도 볼 수 있으며, 될링은 자기위태화의 경우에 개개인의 자기결정권과 위험에 따른 목적 사이에서 형량을 한다(특히 90면 이하 참조). ― 가령 제226a조(현행 독일 형법 제228조, 승낙)와 제216조(촉탁살인죄)와 같은 기준의 적용은 이 조문에 규정된 그런 사례들, 즉 상호인격적인 구조(상해, 타인을 통한 살인)가 아닌 경우에는 고려되어야 한다. 이에 대해서는 이미 *Binding*, Handbuch, 69면 참조. ― 형법에서의 가치론에 대한 비판으로는 *Zaczyk*, Das Unrecht der versuchten Tat, 61면 이하, 94면 이하 참조.

만 이 범주의 어려운 규정과 자유를 부정하는 행위에 대한 구분은 이 책의 과제가 아니다.[110]

c) 자기책임의 포괄적인 이해에서 결과들의 분류

이러한 자기침해 자체는 법의 침해가 아니라는 점을 '자기책임'의 개념과 결부된, 자기침해를 행한 자를 평가하게 하는 다른 의미내용으로 은폐해서는 안 된다. 그래서 자기침해적 행동을 도덕의 시각에서 판단하는 것도, 이런 행위를 직접 신에 대한 의무위반으로서 형이상학적으로 규정하는 것도 자기침해와 법의 침해를 구분하는 차이를 해소해 주지는 못한다. 자기책임에 대한 넓은 이해는 이러한 개인의 현존의 영역도 함께 고려하고는 있다; 그러나 자유를 중심으로 한 '법'의 근거지움은 타인과의 법관계에서 자기책임의 개념에 대한 밀착진행(Engführung)을 통해서만 가능하다. 그렇게 되면 자기침해는 자기 자신으로 인해 개인에 대한 법강제를 할 수도 있게 만드는 사건이 아니며, 따라서 엄격한 의미에서 불법이 아닌 것이다.

2. 상호행위가 성립하는 경우에 있어서 정확한 규정의 필요성

이로써 또 기본적인 고찰에서 도출되는, 자기책임을 원칙적으로 법의

---

110 이 문제에 관하여는 BayVerfGH NJW 1989, 1790면 이하도 참조. ― 법을 사회적 차원과 직접 결부된 것으로 보는 경우에도, 독립된 이 기준을 만들어 낼 필요가 있다. 왜냐하면 개인의 자유의 영역에 대하여 갖는 법의 이 사회적 측면은 그 자유의 영역에 대해 이를 포괄적으로 강요하는 대책이 되어서는 안 된다는 점은 변함이 없기 때문이다. 개인의 대자적(= 자율적) 존재의 최후의 거점을 결코 그로부터 ― 사실상으로나 법적으로나 ― 전부 제거할 수는 없는 것이다. 앞의 본문에서 든 이유로 자살을 형법 제323c조(구조불이행죄)의 의미에서의 (불법이 아니라) 불행한 사고로 보는 데는 이의가 없다; 이에 관하여는 Otto, DJT-Gutachten, D 76면 이하 참조.

상호인격적인(= 인격체 서로 간의) 구조로부터 분리시키는 경계선을 얻게 되었다. 기본고찰은 이 결론을 이러한 사례에서 개인은 전적으로 자기 스스로의 책임 하에 있다는 점과 관련시킬 수 있었다. 그렇지만 지금까지 실무와 문헌에서 다룬 모든 실제 사안은 발생한 사건에 (피해자 자신의 경우와는 반대로) 타인의 관여가 있는 경우이며, 그 관여방식에 관하여는 더 세분화하여 규정할 필요가 있다. 바로 여기서 법적 차원의 특징인 인간상호간의 상황이 발생한다. 관여자 중의 한 사람은 다른 사람과 관련을 맺고 있으며, 이로써 — 어쨌든 원칙적으로는 — 법적으로 의미 있는 행위를 한 것이다.[111] 따라서 이 경우에는 사전심사 없이 함부로 '자기책임'을 거론해서는 안 된다. 오히려 상호적인 행위기여의 비중의 평가가 반드시 필요하다.

여기서 해결해야 할 과제가 갖는 어려움은 하나의 침해결과가 두 개의 행위중심에서 비롯되고(한 사람은 독약을 준비하고, 다른 사람은 이것을 마신 것이다[112]), 이 두 행위 모두 결과에 기여를 했다는데 있다. 그렇지만 바로 앞의 1에서 설명한 것에 따르면, 불법을 형성할 수 있는 것은 외부인의 행위뿐이기 때문에(왜냐하면 그에게 피해자는 자기가 아니라 '타인'이기 때문이다), 통상의 형법적 사고방식으로는 이 행위 하나만을 심사해야 할 것이다. 그러나 이 행위의 성격을 상호작용의 맥락으로부터 분리하여 가령 행동규범을 위반했는가의 여부만을 따로 떼어 묻는다면, 이 행위의 특성은 제대로 규정되지 못하게 된다. 그래서 이 행위의 성격은 바로 자신의, 특히 자기와 관련된 행위계획을 입안하는 둘째 행위의 중심을 둘러싼 상황을 배경으로 해서 평가되어야 한다.

---

111 여기서는 자기침해에 대한 관계에서의 부작위 문제는 아직 논하지 않기로 한다. 이에 관해서는 뒤의 주 166 참조.

112 예컨대 뮌헨 고등법원 판결의 사실관계가 이러하다. NJW 1987, 2940면(Hackethal, 학케탈 사건).

이러한 과제는 지금까지 형법에서 통상 해왔던 것과는 다른 해결방안을 필요로 하며, 가령 승낙이나 형법 제216조(촉탁살인죄)의 규정과 같이 명백하게 상호인격적인 불법의 상황을 근거로 개발된 해결책은 제한적으로만 그 해결방안을 제시할 수 있게 된다. 물론 (형)법규범은 보편적으로 타당한 행위를 정해 놓은 것이어서 관여자들의 주관적 평가와는 무관하다는 점을 앞에서 강조한 바 있다. 그렇지만 규범은 추상적으로 효력이 있는 것이 아니라 법규범으로서 관여자들 간의 법관계를 형성하므로, 앞서 강조했던 실질적 기초를 갖는다.[113] 규범이 일반적인 것으로서 또 개개인 사이의 중심을 형성한다는 의미로 이해될 때에만, 한 인간의 자기관련적 행위는 다른 인격체가 행한 행위의 적법성을 판단하는데 의미가 있다는 규범관련적 이유가 제시된 것이다. 여기서 자기침해나 자기위태화라는 현상에 대한 파악은 '규범의 보호목적', '객관적 귀속' 등의 개념처럼, 더 심층적인 근거지움의 맥락에 대한 반영물에 지나지 않을 수 있다는 점이 드러난다. 이 맥락이란 그것이 자기와 관련된 행위의 결과라고 이해함으로써 침해사건에서 불법의 특성을 소거할 수 있는 조건들의 규정을 통해 나타난다. 이 경우 그렇게 되면 불법의 기초가 소실되기 때문에 규범의 효력은 영향을 받지 않게 된다.

따라서 뒤의 제3장에서는 인적 법의 개념과 인적 불법개념의 배경에서 이러한 내용적인 검토가 이루어져야 할 것이다.

---

113 이 때문에 규범의 일반적 효력에 대한 관심으로부터 자율적 결정은 고려하지 않는다는 것이 도출될 수 있는가라는 문제 제기를 하는 것은 처음부터 잘못된 것이다. 이에 관하여는 *Neumann, Die Stellung des Opfers im Strafrecht*, 234면 이하도 참조.

형법상의 불법 혹은
자기책임의 자기침해

I. 근거지움의 진행에 관한 개관

앞장에서 과제를 기술하였으므로, 후속적 고찰의 진행을 개략적으로 설명해 둘 필요가 있다. 언급한 바와 같이 여기서 검토해야 할 사안들에서는 정범의 행위가 구성요건에 간단히 포섭되지 않기 때문에, 먼저 형법상 불법의 일반적인 성격, 특히 내용적 특성을 고찰해야 한다(II). 이러한 기본원칙의 규정에서 고의에 의한 불법과 과실에 의한 불법의 차이가 해명될 것이다. 이렇게 규정된 불법의 일반적 성격은 피해자의 행동으로 말미암아 발생한 전체사태의 성격이 앞에서 특정한 의미의 자기침해로 보아야 하는 것으로 변질될 수 있기 때문에, 다음 단계에서는 피해자 행동의 특성이 정확하게 설명될 필요가 있다. 이에 관하여는 피해자가 자기 자신의 행위의 시각에서 볼 때 결과를 발생시킬 수 있는 상이한 방법들을 근본적으로 구별함으로써 시작해야 한다. 그래서 III에서는 인식 있는 ('고의에 의한') 자기침해, IV에서는 피해자가 위험을 인식하면서 한 행위, 그리고 V에서는 결과발생의 가능성에 대하여 인식이 전혀 없었던 사안에서 피해자의 행위가 검토되어야 할 것이다. 이 장들에서는 피해자의 행동에 관하여 전개된 각각의 기준에 비추어 볼 때 피해자가 사건에 관여하였음에도 불구하고 어떤 경우에 외부인의 정범성을 인정할 수 있는지를 고찰해야 한다.

II. 형법상 불법의 일반적 특징

형법상 불법을 성격규정 할 때에는 다양한 요소들이 함께 고려되어야 한다. 불법은 법의 부정이다. 법원칙으로서의 자기책임에 대한 진전된 입장에 따르면, 인간들 간의 법적인 관계는 오로지 그들의 실제 능력에서 기인하는 동시에 보편적으로 승인된 것이라 할 수 있다. 여기서 불법은 한편으로는 규범의 일반성에 대한 모순이기도 하지만, 더 넓게는 직접 인간 상호간의 의미도 갖는다: 즉 불법은 타인의 법영역에 대한 침해에서 행위자가 실제 능력을 잘못 사용한 것이다.[114] 이러한 불법의 성격은 더 자세히 규명될 필요가 있다. 이 불법의 성격은 무엇보다도, 피해자가 그의 자유의 기본적인 존립조건(법익)이 승인받고 있다는데 대해 근본적인 신뢰를 갖고 있기 때문에 이러한 공격에 대비할 필요가 없다는 것을 특징으로 한다. 그러한 공격을 염두에 두고 살 수는 없으며, 모든 법관계를 비로소 가능케 하는 타인이 올바르게 행동할 것이라는 신뢰가 상실되어서는 안 된다.[115] 나아가 이 신뢰는 개인의 사적 견해가 아니라, 법적으로 보장되는 것으로써 일반적으로 승인된 것이다. 그러므로 불법에서는 근본적으로 존재하는 인간들 간의 평등관계가 행위자를 우위로 하는 상하관계로 전도되게 된다. 따라서 형법상의 불법은 "법으로 보장된 기본신뢰에 대한 구체적인 침해이며, 타인

---

114 이것은 아무튼 개인적 법익에 대하여는 직접 적용되며, 여기서 문제가 되는 것도 오로지 이 맥락에서이다.

115 이 관점에 대해서는 *Hillenkamp*, Vorsatztat und Opferverhalten, 206면 이하도 참조.

또는 국가가 — 법질서가 인정하는 자기 자신의 현존재에서 — 자력으로는 감당할 수 없는 방식으로 침해된다는 것을 전제한다."[116]

다음의 논의에서 중요한 것은 이로써 불법을 '행위자 영역'과 '피해자 영역'으로 구분할 내용적 근거를 갖게 된다는 점이다. 나아가 법률은 이 내용적 근거에 대해 무관한 존재가 아니라, 상호인격적(= 인간들 서로 간의) 관계 속에 이미 내재하는 일반적으로 만들어진 이 관계의 구현물이다. 현재 불법을 규범위반으로[117] 이해하는 통설적인 견해와는 반대로, 불법을 인정하는데 결정적인 것은 불법의 내용적 관점, 즉 타인의 자유에 대한 실제적인 침해이다.

불법의 이 실질적 내용은 특히 행위자의 고의의 행동에서 분명하게 드러난다. 여기서는 법익에서 구체화되어 있는 타인의 자유가 불법을 통해 실제로 억압되는 것이다; 행위자는 자신의 행동으로 구성요건에 자세히 규정되어 있는 타인에 대한 침해를 야기하는 것이다. 법적으로 타당한 행동과는 반대로 불법 속에 들어 있는 인격체로서의 타인에 대한 행위자의 우월성은 결과(타인의 자유에 대한 억압)에 의해서 뿐 아니라, 행위경과(행위자가 사건을 지배한다)에 의해서도 나타난다.

그러나 과실 행위 또한 이러한 실질적 기초 위에서 이해될 수 있다. 행위자는 법적으로 자기의 행위를 타인의 자유영역이 안정되게 존재할 수 있도록 함으로써 그 존립을 보장하라는 소명을 받고 있지만, 과실행위에서 타인의 자유영역은 우연에 맡겨지게 된다. 고의로 야기된 불법에서는 행위자

---

116 *E.A. Wolff*, Die Abgrenzung von Kriminalunrecht zu anderen Unrechtsformen, 137면 이하—213면과 ZStW 97 (1985), 819면도 참조.

117 이에 관한 예로는 *Wolfgang Frisch*의 연구, Vorsatz und Risiko, 특히 65면 이하(이 책에 대해서는 *Küper*, GA 1987, 479면 이하와 *Köhler*, JZ 1985, 671면)와 Tatbestandsmäßiges Verhalten und Zurechnung des Erfolges, 24면 이하 참조.

의 행위권력이 — 행위자에 대한 법의 요구와 비교해 볼 때 — 강해지는데 비하여, 과실행위에서는 말하자면 약해지는 것이다: 피해자는 행위자가 자신의 행위를 결정할 때 고려되지 않고, '잊혀지는' 것이다.[118] 불법의 두 종류(고의, 과실)는 법의 규정에서 전개되었으며, 그것은 행위의 여러 맥락에 터 잡고 있기 때문에, 침해에 기여한 피해자의 행동이 사안을 판단할 때 중요할 수 있음은 이제 분명해진다. 피해자는 불법 속에 암시적으로 고려된 수동성에서 벗어나서 행위자의 행동에 대한 판단을 변경시킬 수 있다. 개별사건의 판단에서 필요한 상호적 관점은 먼저 사건을 자기침해로 만드는 피해자의 행동의 특성을 규명하고, 그 다음으로 이러한 배경에서 행위자의 행동이 고의나 과실의 불법의 특성을 갖는지의 여부 그리고 어떤 경우에 고의 또는 과실 불법의 특성을 갖는지를 물어야 할 것이다.

---

118 이에 관하여는 *Zaczyk*, Das Unrecht der versuchten Tat, 211면 이하도 참조. 특히 인식 없는 과실이 책임원칙과 부합하는가에 관한 논쟁은 여기서는 논하지 않기로 한다. 이에 관해서는 가령 *Köhler*, Die bewusste Fahrlässigkeit, 385면 이하 참조.

III. 인식 있는 ('고의에 의한') 자기침해

1. 일반적 개념규정

a) 상호행위와 자기침해

인식 있는 자기침해는 피해자가 결과를 인식하고 자기의 법익에 대해 침해를 가하면서 또 그 결과의 발생을 원하는 행위를 할 때 성립한다. 피해자가 자기 자신을 살해하거나,[119] 자신의 신체를 상해하거나,[120] 자기 물건을 손괴하는 경우이다.[121] 앞서 살펴본 바와 같이 이러한 사례들에 대한 판단은 기본 전제에 입각해서 내려진다: 즉 이 경우 '피해자'가 스스로의 판단에 따라 행위했다는 결론이 나오면 이 사건에 대한 타인의 형법적 책임은 필연적으로 배제되는 것이다. 그런데 앞에서 지적한 것처럼, 여기서 언급한 학문적이고 실무적인 사안들에서는 항상 타인과의 상호행위에 관한 것이 관건이 된다: 피해자는 타인으로부터 목을 매는 데 필요한 가죽 줄을 받았기 때문에 목매달아 죽을 수 있는 것이고; 피해자는 타인의 강요로 인해서 불결한 순대 한 조각을 먹게 되는 것이며; 피해자는 동물이 치유가 불가능할 정도로 병들었다는 남의 말을 듣고 자기 소유의 동물에게 독성 마

---

119 예컨대 BGH NJW 1960, 1821면 이하의 사건 참조.
120 예컨대 RGSt 26, 242면 이하 참조.
121 *M.K. Meyer*, Ausschluss der Autonomie, 166면 이하에서 예를 든 사례들 참조.

취체를 주입하여 죽이는 것이다. 이 사례군에서는 외부인('행위자')에게 그러한 침해를 하는 중요한 이유가 있는지, 아니면 자기 자신에 대해 행위하는 자('피해자')에게 그러한 침해를 하는 중요한 이유가 있는지가 밝혀져야 한다. 이러한 목적을 위해 자기침해의 사안은 개념적으로 정확하게 분석되어야 할 것이다.

b) 자기침해의 요소들

인식 있는 자기침해의 경우 피해자는 의사와 행위 및 결과 사이에 특별한 통일체를 형성한다. 발생한 결과는 범죄구성요건에 기술된 결과와 **외적으로는** 동일하다. 그렇지만 피해자는 스스로 침해를 야기한 행위를 했고, 그 침해의 의사도 스스로 형성한 것이다. 이 경우는 외부인이 중심이 된 타인을 침해하는 행위[122]에 비해 행위자 자신이 만든 의사와 행위 및 결과 간에 연관성이 있다는 것이 더욱 분명해진다. 행위자는 이 행위의 중심이자 목적이며, 결과는 그의 의사가 발현된 작품이다. 바로 이것이 이 행위에 대한 타인의 기여를 (법적 관점에서) 피해자의 자유를 침해하는 불법으로 파악하는 것을 차단해주는 ― 피해자 스스로가 창설한 ― 관계인 것이다. 이 관계에 관한 외부로부터의 영향가능성에 대한 물음에 답하기 위해서는 언제나 이 통일체를 중심에 두어야 할 것이다.

그 요소들의 개별 내용은 분석적인 의도에서, 특히 그 사건 전체에서

---

[122] 이 사안들의 경우에는 주지하는 바와 같이 최근에 행위와 결과의 필연적 연관성이 더 문제시되었다. 가령 *Zielinski*, Handlungs- und Erfolgsunwert im Unrechtsbegriff, 특히 128면 이하 참조. 이에 대한 비판은 예컨대 *Stratenwerth*, Schaffstein-FS, 177면 이하; *Zaczyk*, Das Unrecht der versuchten Tat, 101면 이하 참조.

개개 내용이 어떤 의미를 갖는지를 확인하기 위해 분리하여 논하기는 한다; 하지만 개별 요소들의 각 내용은 실제로는 각기 독립적으로 분리될 수가 없다. 가령 자기침해에 대한 의사가 — 가장 중요한 예를 들자면 — 결함이 있었는지 그리고 그것이 어떤 결과를 가져올 것인지는, 책임 있는 행위를 위해서는 의사가 왜곡된 것이어서는 안 된다는 의미에만 국한하여 규정되어서는 안 된다. 오히려 행위의 실행과 그 실행을 통해 야기된 결과에 의하여 형성된 관계를 항상 함께 고려해야 하는 것이다.

외적으로 관찰할 때 가장 중시해야 할 것은 행동의 중심과 목표의 이러한 통일체가 타인(외부인)에게는 말하자면 확고한 형태로서 나타난다는 것이다. 앞에서 설명한 개인의 자기결정에 대한 원칙적인 승인과 그것이 갖는 법에서의 의미가 결부되어 있다는 것은, 행위의 자기관련성으로 인해 이 행위실행이 또 자기결정에 입각한 것이라는 점이 일차적으로 수용되어야 함을 의미한다. 그렇지만 이 외에도 추가적으로 유념해야 할 것은, 행위의 방향성이 타인과 무관하기 때문에, 이 행동에 대해서 '옳다든가' '그르다든가', '이성적이라든가' '비이성적이라든가' 같은 판단은 극히 제한적으로만 내릴 수 있다는 점이다. 특히 자기침해의 가장 극단적 사례인 자살의 경우, 자살자에게 이성적인 삶, 즉 자기 인생의 장래 생존이 갖는 근본의미를 알게 함으로써 그러한 행동을 '비이성적'이라고 성격규정 하는 것은 수긍할 수 있는 일이다.[123] 그렇지만 이것을 외적 관점 또는 일반적 관점에서 보지 않고, 자살자의 관점과 자살자를 규정하는 동기에서 보면 그 특성과 특성

---

123 *Geilen*, JZ 1974, 145면 이하 참조; LK-*Jähnke*, vor § 211 난외번호 27 이하. 또한 *Händel*, Leithoff-FS, 555면 이하(556, 558면)도 참조; 이러한 의미에서 비판적인 글은 *Herzberg*, JA 1985, 342면 — 이와 관련된 많은 문제에 대해서는 에저(Eser)가 발행한 논문집 『Suizid und Euthanasie』에 실린 논문들과 *Otto*의 감정서, Das Gutachten für den 56. Deutschen Juristentag (Verhandlungen, 제1권 Gutachten D) 참조.

을 결정하는 요소들은 달라진다. 왜냐하면 개체로서의 그는 주관적으로나 객관적으로도 예측불가의 상황에서 자신의 의식적인 삶을 스스로 책임져야 하기 때문이다. 모든 자살은 — 이른바 수지타산형 자살(= 자신의 처지를 이성적으로 심사숙고한 후에 행하는 자살, 역자 주)도 포함하여 — 법적 관점에 국한하지 않고 일반적인 관점에서 보면 위기의 표현인 것이다. 그렇지만 외부에서는 어느 누구도 — 즉 개인의 자기책임이라는 확고한 출발선에서 보면 — 이 위기의 경감을 실제로 보장해 줄 수 없다. 따라서 행위자가 스스로 책임질 능력이 있고, 그래서 (책임무능력 상태인) 신체적 결함이 없는 사람이라면(이에 관해서는 바로 뒤의 2. a) 참조), 생을 마감하는 것에 대해 법적이고 내용적인 심사를 할 수는 없는 것이다. 왜냐하면 법적으로 그에게 해 줄 수 있는 것은 오로지 자립적인 장래 생존의 보장뿐이기 때문이다; 구조행위 후에 타인은 그의 내적 공간을 다시 스스로에게 맡기지 않을 수 없으며, 자기침해나 자기위태화의 가능성이 없는 스스로 책임지는 삶을 살 수 있도록 그를 지원하라는 요구는 결코 충족될 수 없는 요구인 것이다. 그래서 에저(Eser)는 적절히도 여러 차례에 걸쳐, 자살결의를 외부인이 심사한다는 것은 '후견적' 태도, 즉 미성년자에 대한 아버지의 태도라고 지칭했다.[124] 이러한 심사는 타인의 고도의 주관적 결단으로부터 단지 피상적으로만 넘어서 있는 것일 뿐 아니라, 그 외에도 그 심사가 묵시적으로 약속하는, 즉 타인에게 **자기** 삶의 부담을 지는 것을 도와준다는 것은 전혀 불가능한 일인 것이다. 그렇다면 이러한 사안에 대해서는 어떤 관여도 하지 않거나, 아니면 무제적으로 구조하면서 개입하는 식의 일반적인

---

124 Schönke-Schröder-*Eser*, vor §§ 211면 이하, 난외번호 34. 이렇게 또 자기비판적인 글은 *Hoerster*, JZ 1971, 123—125면. (법적 관점이 될 수 없는) 철저한 의학적 관점에서는 이와 다른 평가를 내리고 있다. *Bochnik*, MedR 1987, 216면 이하.

형법강제는 정당화될 수 없게 된다.

따라서 자기침해를 외적으로 볼 때는 원칙적으로 내용상 법강제와 관련하여 더 이상 심사할 수 없는 자기결정의 표현으로 보아야 한다는 것을 확고히 해 두어야 한다. 그래야만 개별사례에서 자기결정의 통일체인 의사와 행위 및 결과의 연관성이 없다는 점이 밝혀지는 경우, 이 사안에 대한 타인의 법적 책임이 고려될 수 있는 것이다. 그런데 이후의 전체적인 논증을 위해서는, 이러한 준거점을 확인함으로써 타인(외부자)이 정범이 될 가능성은 있지만, 정범이 정말로 성립되었는가는 아직 확인되지 않았다는 점은 강조할 필요가 있다. 왜냐하면 자기침해의 개념상 행위자는 자기 스스로를 침해한다는 것을 알기 때문이다[125]; 이러한 '기술적 인식'은 이 장에 나오는 모든 사안의 정황 속에 존재하며, 이는 타인의 정범성을 확인함에 있어 반드시 고려되어야 하는 것이다.

여기서 미리 피해자 스스로가 만들어 놓은 연관성을 해체시킬 기준이, 직접 형법 제216조(촉탁살인죄), 제226a조(선량한 풍속에 반하는 승낙에 의한 상해를 처벌하는 규정; 현행 독일형법 제228조) 및 기타 외견상 비교할 만한 승낙 또는 동의 상황으로부터는 나올 수 없다는 것을 지적해 두어야 한다. 다수설은 이 문제영역에서 이 같은 사례들을 해결하기 위한 기준을 끌어내고 있다.[126] 그렇지만 선량한 풍속 위반(제226a조, 현행 독일형법 제228조)이라는 외적 척도는 — 이 개념이 가진 여러 문제는 차치하고라도

---

125 피해자가 자신이 한 행위의 결과를 모르고 있는 경우에는 보통 간접정범을 인정한다. 이에 관해서는 가령 Schönke-Schröder-*Cramer*, § 25 난외번호 11; LK-*Roxin*, § 25 난외번호 83; *Jakobs*, AT, 21/77이하 참조.

126 자세한 문헌으로는 *Geilen*, JZ 1974, 145면 이하, 151면. 이 외에도 Schönke-Schröder-*Eser*, vor §§ 211 난외번호 36에 열거된 참고문헌들 참조; LK-*Jähnke*, vor § 211 난외번호 26; *Lackner*, vor § 211 난외번호 13.

— 행위자 스스로가 만들어 놓은 통일성을 해체하고 타인이 정범이 되도록 하지 못한다.[128] 살해에 대한 촉탁의 '진지성' 여부는 피해자가 타인의 행위지배 하에 있고, 이러한 촉탁의 상당성이 문제되는 경우에 의미가 있는 것이다. 이에 반해 피해자 스스로가 침해행위를 실행하는 경우에 '진지하게' 또는 '진지하지 않게' 라는 요건을 가지고 이 행위실행을 평가한다는 것은, 이 사례에서 타인의 판단 대상이 되지 않는 개인의 주관적 동기에 대한 모든 판단을 법적 의미에서 대신하는 결과가 될 것이다. 이 경우 '진지성'이라는 상위개념 하에서 거론되는 개별적인 관점들이 행위의 연관관계를 해체하는 데에도 의미가 있을 수는 있다; 그렇지만 이 상위개념은 적절하지 않다. 이는 — 행위지배가 이전되는 것이 아니기 때문에 — 승낙과 양해의 기준들에 대해서도 타당하다(이에 관해서는 뒤의 2. b) 참조). 오히려 스스로 만든 통일체를 해체하기 위한 출발점은 피해자의 특성으로부터 전개되어야 한다.

2. 타인에게 책임을 지우기 위한 준거점

a) 신체적 결함

첫째 준거점은 자기침해의 맥락을 자기 현존재의 관계적 의미에서 이해하고 분류할 신체적 능력이 없다는 데서 나온다. 이는 피해자가 스스로의 인생설계 및 관련된 법익침해 간의 관계를 정확히 파악할 능력이 없거

---

127 이에 관해서는 가령 *Schmitt*, Maurach-FS, 112—118면 이하 참조.
128 자기침해와 타인침해의 구조적 차이에 대해서는 *Neumann*, JA 1987, 244—251면 이하도 참조. 가령 *Herzberg*, JA 1985, 340면은 완전히 다른 행위상황을 간과하고 있다.

나 약화된 경우이다. 물론 모든 판단의 방향이 외부(타인에 대한 관계)로 향하지 않고, **자신의** 현존재를 위한 행위의 의미와 관련되는 것이라는 점은 분명히 해 둘 필요가 있다. 그럼에도 불구하고 신체적 무능력을 인정하는 근거로서 형법 제19조(형사책임미성년자), 제20조(심신장애로 인한 책임무능력), 소년법 제3조(책임능력)의 규정이 적용될 수 있을 것이다.[129] 이 견해에 대해 제기된 비판은, 이 사례들에서 문제가 되는 것은 불법, 즉 타인에 대한 관계에서의 책임능력이라는 점을 간과하고 있다는 것이다.[130] 이에 대하여 록신(Roxin)은 "인간은 항상 자기 자신보다는 타인을 침해하기를 좋아한다"는 다소 단순한 논거로 반박하고 있다.[131] 그렇다면 자기손상의 다른 사례들에서도 어쩌면 타인을 침해하는 것보다 더 높은 역치(閾値)를 넘어야 한다고 말해야 할 것이다. 지금까지 한 설명에 따르면 인식 있는 자기침해의 사안은 법에서는 타인침해와는 질적으로 다른 성질의 것이라는 점이 명확해진다. 따라서 앞에서 언급한 (책임무능력과 관련된) 형법 규정들은 단지 방향제시만 해줄 수 있을 뿐이다. 여기서 문제는 자기침해적 행위의 관계를 유책하게 만들었다는 데 있다. **이러한** 능력을 확인하기 위해서는 사실상 적어도 법률이 중요한 것으로 선언한 미약(微弱)성을 타인에 대한 행동을 함으로써 책임을 지게 되는 사람의 범주와 대등하게 놓을 수 있어야 한다. 이에 근거할 때 승낙 및 양해의 이론으로부터 예외적인 경우에는 신체적으로 미약한 사람들에게서도 자기침해적인 사건의 의미에 대한

---

129 이에 관하여는 *Roxin*, Dreher-FS, 331—349면 이하 참조; LK-*Roxin*, § 25 난외번호 87; *Bottke*, Suizid und Strafrecht, 247면 이하(Nr. 347 이하). *Baumann* 외, Alternativentwurf eines Gesetzes über Sterbehilfe, § 215, 25면 이하 참조. 여기에는 논거도 제시되어 있다.

130 가령 *Geilen*, JZ 1974, 150면 이하 참조; *Herzberg*, Täterschaft und Teilnahme, 36면 이하; 더 많은 참고문헌을 언급하고 있는 *Roxin*, Täterschaft und Tatherrschaft, 제5판, 각주 267이 있는 632면.

131 Täterschaft und Tatherrschaft (주 130의 책), 633면.

이해가 가능할 수 있다는 사고를 도출할 수 있다. 그러한 가능성은 침해당한 각 법익에 따라 다를 것이다.[132] 그렇지만 중요한 것은 이를 통해서 외부인에게 적용할 기본요건이 정해졌다는 것인데, 이 기본요건은 또 고의의 대상이 될 수 있다.

b) 다른 결함, 특히 의사결함

이 한계선 밖에서 중요한 것으로는 의사와 행위 및 결과의 통일성을 만드는 자기결정 능력이 원칙적으로는 존재하지만, 예외적으로 없게 된 사례들을 밝히는 것이다. 그런데 '승낙'의 규정영역에서와는 달리 이 검토는 (오로지) '의사결함'의 존재 여부와 그 의미에 관한 질문에만 방향을 맞추어서는 안 된다. 왜냐하면 승낙의 경우에는 피해자가 타인의 행위지배 하에 있지만, 반대로 자기침해의 경우에는 피해자가 스스로에 대한 행위지배를 가지고 있기 때문이다. 이 두 유형의 차이는 행위지배가 (행위자(= 타인)에게) 이전됨으로써 피해자가 타인의 행위에 대해 수정하면서 개입할 수 있는 가능성이 이 시점부터 박탈된다는 경험적인 결과에도 있지만, 이에 그치지만은 않는다.[133] 중요한 것은 오히려 첫째로 피해자에게 의사결함이 존재하는 경우에도 피해자는 결정적인 행위실행에 관한 지배를 알고 있으며, 그 실행

---

132 그렇지만 문헌에서 일부 주장되는, 재산권의 침해에 대한 승낙의 유효성은 행위능력에 관한 민법상의 규정에 따라 판단해야 한다는 견해는 따를 수 없다(이에 관한 문헌은 Schönke-Schröder-Lenckner, vor §§ 32 이하, 난외번호 39 참조). 이미 협의의 승낙의 테두리 내에서도 (또 자기침해의 다른 구조에도 불구하고) 형법상의 불법이 타인에 대하여 그 타인들의 인격(자유)에 대한 직접적인 침해를 포함한다는 것은 말하지 않아도 인정되고 있다. 그래서 승낙의 위법성조각 효과는 계약상의 의무에 관한 일반규정이 아니라, 직접 인간의 통찰능력으로부터 근거지워져야 한다. 이에 관해서는 Stratenwerth, AT I, 난외번호 380 참조.

133 가령 Roxin, Dreher-FS, 331—345면 참조.

을 어쨌든 중단할 수 있다는 점이다; 이 때문에 승낙의 경우와 비교해 볼 때 의사에 결함이 있는 사례들은 의사형성과 행위실행과의 관계를 다르게 규정해야 한다. 그렇지만 둘째로, 스스로 책임져야 할 자기침해를 인정한다면 법의 인간상호관계의 근원적인 영역에서 벗어난다; 이 점에서 이 사례들이 승낙 및 양해의 상황과 기본규정에서 구별되는 것이다.

이러한 배경에서 자기침해의 경우에 의사결함이 어떤 의미를 갖는지의 문제가 다루어져야 한다. 앞서 말한 것으로부터, 여기서 형법적 측면의 판단을 위해서는 자기침해 행위를 실행하는 사람의 관점을 중시해야 한다는 결론이 나온다. 즉 결함 있는 의사가 있는 경우 언제, 어떤 방식으로 의사와 행위 및 결과에 대한 관계가 해소되는지를 검토할 필요가 있다는 것이다. 또 이와 관련은 되지만 구분해야 할 것으로서 둘째 단계에서 비로소 제기해야 하는 물음은 이 사례군에서는 언제 외부인이 사건에 대한 행위지배를 얻을 수 있는가이다.

의사에 결함이 있는 경우에는 통상 착오와 강요(폭행과 협박)를 구분한다.[134] 여기서는 오로지 행위하는 자('피해자')의 관점만 문제되기 때문에 착오의 경우에 착오 자체와 착오를 야기하는 기망을 아직은 구분할 필요가 없으며, 강요의 경우에도 강요자는 아직 고려되지 않을 수 있다. 판단에서 중요한 것은 오로지 이러한 의사에 결함이 있는가라는 문제 제기이다. 이 의사의 결함은 — 행위하는 자(피해자)의 관점에서 볼 때 — 결정과정에 영향을 주었는지 그리고 행위하는 자가 그 의사결함을 알 수 있었다면 자기침해 행위를 하지 않았을 지를 검토해야 한다. 바로 이것이 대부분의 경우의 검토방식이지만, 반드시 이렇게 해야 하는 것은 아니다: 누군가가 자

---

134 승낙과 관련해서는 LK-*Hirsch*, vor § 32 난외번호 119 참조. 그 외에도 *Arzt*, Willensmängel bei der Einwilligung, 29면 이하 참조.

기 개가 사실은 불치의 병 Y에 걸려 있지만, 치명적인 병 X에 걸려 신음하고 있다고 생각하고, 개에게 치사량의 마취제를 먹여 살해한다고 가정해보자. 먼저 결함 있는 의사에 의해서 행위실행이 되었다는 점이 설명되면, 다음으로 이 결함이 행위자가 만든 자기침해의 연관성을 해체하고 이 연관성을 더 이상 '스스로' 만들었다고 볼 수 없게 만드는 특성을 갖는가의 여부를 더 물을 수 있다. 재차 강조해 두어야 할 것은 여기서 판단해야 할 문제는, 일차적으로는 행위실행을 하면서 중요한 하자 있는 의사가 존재했었다는 것을 확인한다고 해서 바로 결론이 나오는 것은 아니라는 점이다. 왜냐하면 연관성을 스스로 만들었는가 하는 둘째 질문에 대한 대답에서 **사실상** 스스로가 행한 행위라는 긴밀한 관계가 중요해지기 때문이다. 즉 개개 행위자를 오로지 자기 스스로 책임지는 자로 본다면, 자기침해에서 큰 착오가 있다고 하더라도, 행위하는 자가 행위실행에 대한 지배를 가지고 있기 때문에 결정하는 주체로 있는 것이며, 그렇다는 것을 변경할 수는 없고, 타인의 결정에의 의존성은 여기서는 전혀 확인할 수 없는 것이다.

이 지점에서 직접적으로 중요하게 되는 것은 타인에 대한 관계이다. 제2의 사람이 사건에 관여하게 될 때 비로소 그 사건에 대한 책임이 이전될 수 있는 가능성이 생긴다. 아무튼 그 다음에라야 바로 그러한 근거에서 스스로 침해하는 자가 지시할 수 있는 두 번째 행위중심이 존재하게 되는 것이다. 그렇다고 해서 이것은 결코 '책임'이 임의적으로 분배된다는 말은 아니다. 오히려 일차적으로는 자기침해를 하는 자의 관점에서 그 사건에 대한 타율적 동기를 확인할 수 있는가가 중요하다: 타인이 착오를 설명하지 않았다거나, 타인이 그 착오를 더 확고하게 했다거나, 기망으로 인해 비로소 그 착오가 야기되었다거나 또는 타인이 강요를 했다거나 하는 것이 그것이다. 그렇지만 이 사례들을 판단하는데 있어서 결정적인 것은, 이러한 확인만으로는 행위자의 자기책임이 법적으로 배제되는 것은 결코 아니며, 그래서 외부인이 반드시 그 사건의 핵심인물이 되는 것이 아니라는 점이다. 이는 판단과정에 영향을 주었다는 것을 단순히 지적하는 것 이상의 훨씬 더 포괄적인 성격의 추가적인 근거지움의 단계를 필요로 한다.[135] 왜냐하면 이 경우에도 사건을 '저지를 것인가의 여부'에 대한 결정은 여전히 행위자의 수중에 있기 때문에, 외부인은 자신의 행동으로 인해 피해자가 도외시 할 수 없는 최종결정을 했음에도 불구하고 피해자에 대해 정범으로서 불법을 범했다고 판단해야 할 위치에 있게 된다. 이제 이 추가적인 근거지움의 단계로 넘어가기로 한다.

3. 피해자가 인식 있는 자기침해를 하는 경우의 정범성

a) 고의로 행위하는 타인

aa) '준-공동정범'의 문제

피해자가 스스로 행위를 실행한 경우에 타인이 고의범이 되려면, 피해자의 침해는 외부인이 전 사건의 경과를 조종하여, 즉 행위지배를 가지고 피해자의 행위를 매개로 해서 결과가 야기되었다고 말할 수 있어야 한다는 것이다. 그래야만 이 사례에서 고의구성요건이 요구하는 불법의 특성을 충족시키는 행위가 성립함을 확인할 수 있다. 지금까지의 설명에서 이미 여기서 해결하려는 문제에 대한 여러 가지가 추론이 가능하다. 스스로 책임지

---

135 예컨대 *Hohmann/König*, NStZ, 309면 1단(결심에 대한 '영향'), 그 외에도 *Wessels*, BT 1, § 1 IV 1. 이 점에서 그러나 일치하는 것은 *Jakobs*, AT, 21/56 이하 참조.

는 자기침해가 존재하는 경우에 이 사안에 대한 타인의 형법적 책임은 말하자면 차단된다. 타인의 모든 행위기여는 언제나 스스로 피해를 가하는 사람에게 그 행위를 맡김으로써 이루어질 수 있다; 그러나 '피해자'가 사건에 대한 결정을 스스로 내린다는 사실을 은폐할 수는 없는 것이다. 바로 이 맥락 속에 이른바 공범논거의 타당한 사고가 들어 있다. 그렇지만 이 사안의 판단에서 모든 공범논거를 근거지우지 않은 채로 사용할 수는 없으며,[136] 정확히 말하자면 이 논거를 형사처벌을 배제하는 방향으로도,[137] 형사처벌을 인정하는 방향으로도[138] 사용할 수 없다는 것 또한 해명되었을 것이다. 왜냐하면 정범인가 공범인가의 여부는 근거지움의 과정의 **결과**이지, 근거지움의 요소 중 하나가 아니기 때문이다; 다시 말해서 근거지움의 과정은 다른, 내용적인 기준들을 통해서 진행되어야 하며, 그 하나가 피해자의 자기책임인 것이다.

이는 외형상으로는 공동정범과 동일한 유형의 사안들, 가령 BGHSt 19, 135면 이하의 판결 사안에서 두 사람 중 한 사람이 장애미수에 그친 동반자살에도 적용된다.[139] '공동정범'은 공동하여 분업적으로 행한 타인(제3자)에 대한 불법행위를 특징으로 한다. 따라서 공동정범으로 관여한 자들에게는 그들이 자신들의 행동으로써 법이 갖는 상호주관적으로 중요한 행위의 영역 안에서 움직이고 있는지에 대한 기본요건 같은 것이 문제되는 것

---

136 적절한 견해로는 가령 *Neumann*, JA 1987, 244—248면; 또 *Walther*, Eigenverantwortlichkeit, 73면 이하도 참조.

137 그렇지만 이렇게 보는 판례는 예컨대 BGHSt 24, 342면 이하와 BGHSt 32, 262면 이하.

138 이는 *Schilling*, JZ 1979, 159면 이하; 이에 관해서는 *Schmitt*, JZ 1979, 462—464면도 참조.

139 판례에서는 이 외에도 가령 RGSt 70, 313면 이하; RG JW 1921, 579면; BayObLG NJW 1990, (형법 제223조, 제223a조에 관한) 131면 참조; 마지막에 언급한 판결에 관해서는 *Hugger*, JuS 1990, 971면 이하; 그 외에 잠정적으로는 *Herzberg*, JuS 1988, 771면 이하 참조; NStZ 1989, 559면 이하 참조.

이 아니라, 오히려 ― 독일 형법 제25조 제2항(공동정범)이 보여주듯이 ―
그 개념은 이들이 행한 상이한 불법적 행위들을 엮어준다. 그렇지만 문제
의 사안이 관여자 중의 한 사람에게 자기침해가 될 때는 다르다.[140] 공동정
범의 개념은 타인에게 향하는 행위를 의미한다는 점에서 역시 '법' 개념이
다. 관여자 중 한 사람에게 이러한 방향성이 결여되어 있을 때 이를 공동정
범이라고 말하는 것은 실익이 없는 것이며, 언어적으로 '준-공동정범'이라고
위장을 하더라도 그렇다.[141] 왜냐하면 여기에는 다음과 같은 것이 은폐되어
있기 때문인데, 즉 관여자 중의 한 사람이 '타인과 공동으로 행위'하였는데,
이것이 그 타인에게는 자기 자신을 해하는 사태이며, 그 때문에 (뒤에서 더
상세히 해명해야 할 요건 하에서는) 그렇게 하여 야기된 결과는 오로지 외
형상으로만 불법의 결과로 보이게 된다는 것이다. 여기서도 그래서 스스로
책임지는 자기침해의 원칙에 입각해야만 처음부터 잘못된 전제로 인해 무
력하지 않은 결론을 도출할 수 있게 된다.

타인이 스스로를 침해하는 자와 함께 자기침해의 결과발생에 '똑같이
중요한' 기여를 했다는 사실만으로 외부인의 정범성을 근거지울 수는 없다.
[142] 오히려 더 중요한 것은 자기침해의 존재에 대한 확인이다. 이를 BGHSt

---

140 이 상황이 갖는 의미가 유명한 판결 BGHSt 11, 268면 이하에서는 간과되었다. 연방대법원은
여기서 공동정범자 자신에 대해서 저질러진 살인미수의 공동정범이 성립할 수 있다고 잘못 판
단했다. 이 착오는 두 단계로 추상화시킴으로써 근거지워졌다: 하나는 이러한 구체적인 관계
에서 [불능]미수의 특징을 묻지 않았다는 것이며, 다른 하나는 피해자에게도 불법이어야 하
지만 이 경우에는 피해자에 대하여는 바로 불법이 아닌, 구체적인 행위와 관련하여 공동정범
에 대해서도 묻지 않았다는 것이다. 이 판결에 관하여는 ― 연방대법원의 판결에 동의하는 ―
Küper, Versuchsbeginn und Mittäterschaft, 많은 참고문헌이 열거된 35면 이하도 참조.

141 *Herzberg*, JuS 1988, 771면 이하 참조.

142 가령 '공동정범'이라고 가정하면, 관여자 중의 한 사람이 스스로를 침해하고, 나머지 사람
은 타인의 정범에 대한 행위지배를 강화시킨다는 것을 알고 있는 것이다; 이는 *Herzberg*, JuS
1988, 775면과 Täterschaft und Teilnahme, 76면 이하. 그러나 본문과 유사한 것은 *Jakobs*, AT,
21/58a. 또한 *Lackner*, vor § 211 난외번호 18과 *Otto*, DJT-Gutachten, D 68면 이하 참조.

19, 135면 이하의 유명한 사례에서 입증할 수 있다. 이 사안은 남녀가 동반 자살을 계획하고, 자동차 배기가스가 차 안으로 들어오게 하는 방법으로 죽으려고 한 경우이다; 남자 A는 시동을 걸고 페달을 밟고 있었으며, 여자 G는 옆 좌석에 앉아서 차 안으로 들어오는 가스를 들이마셨다; 여자는 죽고, 남자는 살아남았다. 이 사건의 결론에 대하여 판례와 학계에서 전개한 기준은 상이한 양상을 띠고 있다. 연방대법원은 상황의 전체 판단을 피해자를 중심으로 하면서, 범행계획에 따라 행위자의 행위를 '감수하면서 받아들였다'고 할 수 있는지의 여부를 판단함으로써 형법 제216조(촉탁살인죄)가 인정된다고 하였다[143]; 학계에서 강력한 지지를 받은 한 입장은 사태를 책임영역에 따라서 구분하면서, 피해자에게 자기손상의 종국적 이유에 대한 결단이 있는지를 묻고 있다[144]; 끝으로 심리적 관점도 제시되었는데, 그 기준은 행위자의 역할을 받아들이는데 대한 '피해자'의 심리적 처분성이 있는가를 묻는 것이라고 한다: 이 처분성이 인정되면 피해자는 우연히 피해자의 지위에 있는 것이고, 실제로는 자기침해의 행위자라는 것이다.[145]

이 사안에 대한 판단은, 자기침해의 결정적인 특징, 즉 피해자 자신에 의해서 만들어진 침해의사와 침해행위 및 침해결과 사이에 연관성이 있는

---

143 연방대법원을 따르는 견해는 가령 *Herzberg*, Täterschaft und Teilnahme, 75면 이하; LK-*Jähnke*, 제216조, 참고문헌을 포함하여 난외번호 12—15.

144 예컨대 *Roxin*, Täterschaft und Tatherrschaft, 566면 이하 참조; *Roxin*, NStZ 1987, 345—347면; *Maurach-Schroeder-Maiwald*, BT 1, § 1 난외번호 26; *Wessels*, BT 1, § 2 V 2; *Eser*, Juristischer Studienkurs, III, Fall 3, 난외번호 33, 모두 참고문헌 포함 — 주의할 것은 표현들이 가끔 약간의 차이가 있다는 것이다: 가령 에저(*Eser*)는 타인(A)의 최종 행위기여에 따른 판단의 자유가 있었음을 강조하는 데 비하여(여기서 에저는 이 기여를 자동차의 시동을 건 것에서, 연방대법원은 가속페달을 밟고 있는 것에서 보고 있다), 록신(*Roxin*)은 — 본문에서 곧 근거지울 견해의 의미 보다는 오히려 — 피해자가 행위무능력의 한계선을 스스로 넘어섰는지의 문제라고 한다.

145 이는 *Horn*, SK, § 216 난외번호 11; 또한 *Arzt/Weber/Mitsch*, BT, LH 1, 난외번호 125 참조. 이에 대해 적절한 것은 *Jakobs*, AT, 21/58a, 각주 126 끝부분 참조.

가를 묻는데서 시작해야 한다. 따라서 스스로의 결심으로 적극적으로 결과를 야기한 피해자의 최종 행동은 의식적으로 행해진 것이며, 이것이 현실화된 것이다. 피해자는 스스로에게 방향을 맞춘 행위의 전 과정을 스스로 매듭지은 것이다.[146] 타인의 최종적인 행동 후에도 여전히 결정의 자유가 있다는 사실은, 자기 스스로 설정한 행위관계인 기본적인 행위관계가 있다는 것의 (중요한 단서이기는 하지만) 반영에 지나지 않는다. 이 관계는 이미 준비한 독약을 마시거나,[147] 달리는 차에 뛰어들거나,[148] 유입되고 있는 가스를 들이마심으로써도 생길 수 있다. 따라서 앞의 BGHSt 19, 135면 이하의 사건은 자살이며, 촉탁에 의한 살인죄는 성립하지 않는다.[149]

따라서 한 사람('행위자')의 지배는 타인('피해자')의 지배에 의해서 제한되지만, 그러나 후자에게 반드시 행위지배가 있는 것으로 이해되어야 한다; 피해자가 단순히 '몸을 내맡기는 것'으로는 충분하지 않다.[150] 왜냐하면

---

146 그래서 70세 남자가 스스로 마취제를 놓고, 여기다 또 조카가 비로소 확실히 치사량에 달하는 양의 주사를 다시 놓은, 자주 논의되는 사례 BGH NStZ 1987, 365면에서는 제216조(촉탁살인죄)를 인정해야 한다. 왜냐하면 피해자가 행위순환을 스스로 종결하지 않았기 때문이다. 많은 참고문헌을 제시하고 있는 *Jakobs*, AT, 21/58a, 각주 126 끝부분도 참조.

147 OLG München, NJW 1987, 2940면 이하 참조.

148 *Herzberg*, JuS 1988, 776면의 사례 참조.

149 여기서 연방대법원은 피해자의 청소년성에도 불구하고 그가 결심의 영향을 알 수 있었다는 것을 전제로 했지만, 이는 당연히 의문스럽다.

150 그런데 *Herzberg*, JuS 1988, 771—773면은 이렇게 보고 있다: 그는 이 논문에서 다루고 있는, 상대방에게 관자놀이를 쏘라고 한 사안의 구체적 정황상 '머리를 들이댄 것'은 자살(행위)로 볼 수 있다고 한다. 그렇지만 이것은 자기침해라는 개념 속에 들어 있는 의사와 행위 및 결과의 연관성을 보지 못한 것이다. 그런데 바로 이 연관성이야말로 목적을 가진 타인행동과의 한계를 설정해 주는 것이다. 따라서 헤르츠베르그(*Herzberg*)가 든 예(A가 B에게 자기(A)를 쏘라고 부탁하였다. 총은 장전되어 있었지만, 두 사람은 서로 상대방이 그 총이 빈총인 것으로 알고 있다고 생각하였다)에서 살인의 불법이 있다고 보게 된다; 행위자가 피해자의 인식을 좌우했던 경우에도 ― 종래 형법 제217조(영아살해죄)에 관하여 주장되던 일반적인 견해(v. *Liszt-Schmidt*, 470면 참조)를 원용하면 ― 피해자의 관점에서는 불법이 남아 있는 형법 제216조(촉탁살인죄)로만 처벌할 수 있게 될 것이다(독일에서 영아살해죄의 규정은 1998년 폐지되었다 ― 역자 주).

'피해자'의 행동에 의해서 행위자의 **고의적인** 행동에 경계선이 그어져야 하며, 이것은 형법 제216조(촉탁살인죄)가 보여주듯이 수동적이 아니라 능동적으로만 일어날 수 있기 때문이다. 따라서 앞에서 언급한 사례들에서 피해자가 신체적인 결함이나 의사의 결함 없이 스스로의 행위로써 의사와 결과의 관계를 야기한 경우, 이에 대한 고의적 관여는 단순한 '교사'나 '방조'의 형태로 약화된다.[151]

bb) 신체적 결함이 있는 경우의 행위지배

그러므로 판단은, 자기침해에 타인의 기여가 있지만, 피해자에게 자기책임 하에 행위와 결과의 연관성을 형성하는 능력과 관련하여 결함이 존재한다는 단서가 있는 경우에는 완전히 새롭게 시작해야 한다. 이때는 먼저 (앞에서 서술한 형법 제19조, 제20조, 소년법 제3조에 의거하여) 신체적 결함을 고려해야 할 필요가 있다. 피해자에게는 각기 문제가 되는 자기침해의 의미를 정확하게 판단할 수 있는 능력이 약화되었거나 전혀 없는 것이다. 물론 타인의 정범성은 이러한 사건에 대하여 임의적인 기여를 하는 것으로써 근거지워지는 것은 아니다. 오히려 이 경우에도 타인이 사건의 경과를 결정한다는 것이 확인되어야 한다. 그래서 그가 한 행위기여는 피해자의 결함을 알고 한 것일 뿐 아니라, 그 기여가 피해자의 결함을 매개로 하여 결과발생을 가능케도 해야 하는 것이다. 아이가 자기 소유의 물건을 망가뜨리기는 동기가 되는 것이 우울증에 걸린 자를 자살로 몰고 가는 것은 아니

---

151 여기서 구별해야 할 (어려운) 문제는, 마약을 하고 싶은 개인의 유혹을 독자적인 불법으로 유형화하는 것이 어느 정도까지 정당화되는가 하는 것이다. 이때 중요한 점은 한 번 복용하는 것으로도 중독될 수 있다는 점이다; 이에 관해서는 *E.A. Wolff*, ZStW 97 (1985), 각주 92를 포함한 829면 이하 참조.

다. 따라서 개개의 구체적 행위별로 행위자가 자신의 행위기여를 통해 피해자에게 미약해진 결정능력을 장악했는지를 물어야 한다. 그래야만 행위자는 피해자가 스스로의 힘으로는 감당할 수 없는 행위, 즉 불법을 행하게 되는 것이다.[152]

cc) 기타 의사결함에서의 행위지배

이제 남은 것은 의사결함이 있는 그 밖의 사례들이다. 두 개의 관점을 강조한다면 이 사례들의 판단에는 특히 몇 가지가 분명해진다: 하나는 외부인이 행위자가 되려면 그에게 행위지배가 있어야 한다는 것이고, 다른 하나는 결과와 관련하여서 피해자에게 원칙적으로 존재하는 행위지배를 부정하는 기준을 찾을 수 있을 때에 외부인의 행위지배를 인정할 수 있다는 것이다. 중요한 것은 피해자에게 의사결함이 있는 경우에 타인에게 행위지배가 자동적으로 생기는 것이 아니라는 점을 확고히 해두는 것이다.

그래서 이것은 이중의 오류를 예방할 수 있다. 자기책임은 일종의 의사결함이 있기만 하면 배제되고 타인에 대한 법적 의존관계에 연루되는 것으로 이해되어서도 안 되며,[153] 자기책임을 피해자의 사실상의 행위실행으로

---

152 형법 제19조와 제20조 및 제21조는 그러한 결함의 방향만을 제시한다; 이 조문들은 신체적인 결함에 관한 문언을 추상적인 것으로 여기지 않도록 하기 위해서, 자기책임을 규정함에 있어서 신체적인 취약성을 고려하라는 뜻에서 존재하는 것이다. 따라서 헤르츠베르그(*Herzberg*)가 든 예(JA 1985, 342면과 주 146)에 대하여 저자가 취하는 견해에 의하면 살인의 불법성을 인정할 수 있다: B가 술을 마시고 나서 '너무나 슬프게 울었지만', 그러나 형법 제20조(심신장애에 의한 책임무능력)의 의미에서 심각하거나 병적으로 정신이 이상하게 된 것까지는 아닌 상태인 B에게 A는 자살하도록 마음을 움직였다. 그렇지만 저자가 취하는 견해에 따르면 그 '마음을 움직이게 한 것'은 더 정밀하게 검토되어야 한다. — 이 외에도 BGH NJW 1983, 462면 이하 참조. 여기서 피해자는 알코올 중독자였으며, 연방대법원은 이 맥락에서 정확하지 못한 논증을 하고 있다. 이에 관하여는 *Amelung/Weidemann*, JuS 1984, 595면 이하도 참조.

단순화하여 연결시킴으로써, 피해자가 스스로와 관련된 행위를 하기만 하면 자기책임이 존재하는 것으로[154] 이해해서도 안 된다(신체적 결함이 있는 경우들은 이미 배제되었다). 이렇게 되면 자기책임의 존재에 들어 있는 힘은 과소평가되거나 과대평가되게 된다.

오히려 출발점이 되어야 할 것은 자기책임 하에서 이루어진 자기침해의 특성으로서, 이 특성은 자유로운 결정으로 의사와 행위 및 결과에 대하여 자기 스스로가 정한 연관관계를 만든다는 것이다. 그러면 외부인은 사실상 행위실행에 대한 결정을 내린 사람일 때에만 행위자(정범)가 될 수 있다.[155] 그렇지만 이것은 고찰의 방향만을 제시해 줄 뿐이다. 정범성을 인정하려면 '피해자'에게 미쳤던 영향의 정도가 더 설명되어야 한다.

이때 사건을 외적인 사태야기의 맥락이라는 관점에서만 보아서는 안 되며, 이렇게 되면 모든 동기착오의 야기에서 판단을 지배한 근거가 존재한다고 볼 수도 있기 때문이다.[156] 그렇지만 정범성을 인정하기 위해서는 지금까지 설명한 것에 의하면 외부인이 피해자의 의사결함에 대한 원인이라는 것만으로는 충분하지 않다. 외부인에게 정범이 성립할 수 있는 것은 오로지 피해자가 스스로 결정을 함에 있어서 행위자의 행위에 의하여 실현된 법익을 해하는 결정과의 관계에서 종속적 지위에 놓이게 될 때이다; 이 경우 피해자는 자유롭게 결정하는 것이 아니라, 타인의 결정을 실행하는 것이다.

---

153 행위자유와 의사자유에 대한 부정확한 정의 때문에 *M.K. Meyer*, Ausschluss der Autonomie, 223면 이하는 이러한 위험이 있다; 이에 관해서는 역시 *Küper*, JZ 1986, 228면 이하 참조.

154 형법 제35조(면책적 긴급피난)를 책임조각의 척도로 보는 모든 문헌의 견해에는 이러한 위험이 있다: 예를 들면 *Charalambakis*, GA 1986, 485면 이하, 특히 497면 이하 참조.

155 사건에 대한 판단의 기준에 관해서는 *Jakobs*, AT, 21/58과 58a도 참조.

156 가령 *M.K. Meyer*가 언급한 사실은 고기 값이 원래도 아주 쌌는데, 누군가가 기망당해서 자기 소를 도살함으로써 고기 값이 더 싸게 된 사례(Ausschluss der Autonomie, 174면). (특히 자살의 경우) 동기의 착오에 대한 고려는 가령 *Maurach-Gössel-Zipf*, AT 2, § 48 난외번호 91.

그런데 이것은 의사결함이 있다는 것만으로 근거지워질 수 없으며, 왜냐하면 자기침해에 대한 피해자의 의사는 피해자에 의해서 야기된 의사와 행위 및 결과의 연관관계 가운데 **한** 요소에 지나지 않기 때문이다. 이 관계의 생성은 행위자에 의해서 지배되어야 하며, 그가 그 사건을 조종한다고 말할 수 있어야 한다. 따라서 행위자는 결정의 주체인 피해자를 이용해야 하고, 피해자는 행위자가 의도한 행위과정에 종속되어야 한다. 이때 피해자에게 판단을 맡기는 것만으로는 충분하지 않다. 행위자의 행동으로 피해자가 선택할 수 있는 행위의 가능성이 줄어들고, 피해자의 판단상황에 협착(Verengung)[157]이 이루어져야 한다. 자기의 법익을 해하는 피해자의 결정은, 구체적 상황에서 불가피한 결과로서 도출되는 것이어야 하며, 행위자에 의해 사전에 이미 결정되고 실제로 행위선택의 가능성 없이 이 결정에 종속해서 행해진 것으로 이해되어야 한다. 그래야만 행위자가 단지 결과가 그렇게 되기를 희망한 것에 그치지 않고, 그 결과를 야기한 것이 된다.

정범의 근거지움에서와 같이 이 영역에서도 개별사례에 맞게 일반 기준을 구체화하는 것이 필요하다. 먼저 살펴보아야 할 것은 착오와 기망의 사례들이다.[158] 문헌에서는 고통 속에서 죽게 되는 중병에 걸렸다고 타인에게 기망당한 사례가 자주 다루어졌다.[159] 이러한 기망만으로는 기망하는 사람의 범행지배를 이끌어내지 못한다. 실제로 실행된 자살이 기망한 사람

---

157 이 개념을 — 상이한 체계적 맥락에서이지만 — *M.K. Meyer*, Ausschluss der Autonomie, 155면, 232면에서도 사용하고 있다.

158 여기서 형법 제263조(사기죄) 내에서 전개된 착오의 성질에 관한 논의는 자기침해의 사례에 대하여는 일반적으로 적용할 수 없다. 그 논의는 법익(재산)에 집중되어 있는데, 제263조(사기죄)는 그 법익의 특성이 바로 자신의 의사에 의한 양도가능성('경제적 가치')과 관련되는 것이다. 이에 관한 적절한 지적은 *Jakobs*, AT, 각주 177을 포함하여 21/98도 참조.

159 이는 예컨대 *Frisch*, Tatbestandsmäßiges Verhalten, 각주 68을 포함해서 172면; *Wessels*, BT 1, § 1 IV 2; *Neumann*, JA 1987, 244—251면 이하; *Herzberg*, JA 1985, 340면 참조.

의 작품이 되려면, 결정상황과 관련된 행위들, 즉 피해자가 할 수 있는 결정의 범위를 좁히고 행위자가 원했던 결정으로부터 불가피한 결과발생의 경과를 장악하게 만든 행위들을 함께 고려하여야 한다. 이러한 상황의 예로는 BGH GA 1986, 580면의 사례를 들 수 있는데,[160] 학계에서는 종종 기망의 측면을 강조하여 기망에 의한 동반자살 사건이라고 부르기도 하였다.[161] 이 사안에서 피해자의 아내는 동반자살의 의사가 없었음에도 불구하고 있는 것처럼 피해자를 속였을 뿐 아니라, 나아가 전체 행위상황을 설계했고 남편의 '자살'을 말하자면 감시했던 것이다. 방금 설명한 것에 의하면 기망했다는 사실 자체만 중요한 것은 아니며, 연방대법원도 이것을 적절하고도 조심스럽게 판단했다. 결정적인 것은 행위의 준비와 실행을 통해서 피해자가 자살로 내몰렸고, '이론적'으로는 그에게 행위를 철회할 가능성이 있었지만, 자기침해의 단계로의 진입은 행위자인 아내가 만든 상황 속에서 어느 정도는 '자연적으로' 발생하였던 것이다.

마이어(Meyer)가 다룬 물건의 가치에 관한 동기의 착오(고가의 물건을 싸구려 물건이라고 기망)로 인한 손괴의 사례는 이와 반대로 정범이 성립하지 않는다.[162] 행위자가 기망으로 인해 착오를 야기했는가도 중요하지 않다; 기왕에 존재하는 착오도 판단상황을 협착화하는데 이용될 수 있는 것이다.

강제의 사안에서 유의해야 할 것은, 강요죄로 인한 형사처벌이 아니라, 피해자가 자기 자신에 대한 행위를 함으로써 구체적인 법익의 침해로 나아간 점에 대하여 강요자에게 가벌성이 있는가의 문제이다. 기망의 경우와는 달리, 강제의 성격을 갖는 고의에 의한 행동의 경우에는 외부인이 우월적

---

160 이에 관해서는 가령 *Charalambakis*, GA 1986, 485면 이하; *Brandts/Schlehofer*, JZ 1987, 442면 참조.

161 예컨대 *Jescheck*, AT, § 62 II 1, 603면.

162 이는 또 *M.K. Meyer*, Ausschluss der Autonomie, 174면 이하(177면 이하).

지위를 갖는다는 것이 타당해 보이기는 한다. 그렇지만 여기서도 강요자의 행동이 여전히 행위실행에 대한 피해자의 최종 결정을 지배해야 한다는 점을 고려한다면, 단순히 의사에 영향을 준 것만으로는 정범성립을 근거짓지 못한다. 이 경우에 자주 거론되는 독일 형법 제35조(면책적 긴급피난)를 적용하자는 제안은 이 사례들 내에서 대부분 이에 의존하는 자살의 경우에만 제한하더라도 너무 유연성이 없다.[163] 오히려 이 경우에도 필요한 것은 객관적인, 즉 법적인 기준으로 보면 판단의 상황이 피해자에게 구체적인 법익침해의 면에서 너무 좁혀져 있어서, 자기침해 행위의 실행이 자유로운 판단에 입각한 것이 아니라 단지 유일하게 의미 있는 것으로 생각되는 행위가능성을 택했다는 것이다. 이때 위협받은 해악뿐 아니라 실행된 강제적 폭력에 관해서도, 그것이 피해자의 자유에 대해 갖는 의의를 고려할 때 관련 법익들이 적어도 동등해야 할 필요가 있다.[164] 타인의 자살은 행위자가 손괴행위로 협박한다면 지배될 수 없게 된다. 마이어(Meyer)가 만들고 퀴퍼(Küper)도 다룬 사례[165]에서는 반대로 정범성을 인정해야 한다: 행위자가 싫어하는 부엌가구를 피해자가 직접 부수지 않으면 행위자가 부수겠다고 협박한 경우이다.

dd) 보증인 사례에 대한 소견

이른바 보호자의 지위에 있는 보증인에 대해서도 한 가지 지적해 두어야 한다. 우선 타인의 법익에 대하여 보호자의 지위에 있는 자는 피보호자

---

163 예컨대 LK-*Roxin*, § 25 난외번호 52, 기타 참고문헌은 각주 66 참조; *Bottke*, Suizid und Strafrecht, 248면 이하(349번 이하) 참조.

164 이에 관해서는 또 *Küper*, JZ 1986, 225면 이하 참조.

165 *M.K. Meyer*, Ausschluss der Autonomie, 160면; *Küper*, JZ 1986, 225면.

에게 발생한 결과에 대해서까지 책임을 지지 않는다는 일반적으로 밝혀진 결론은, 보호자의 지위에 있는 보증인에 대해서도 그대로 적용된다; 그러므로 피보호자 스스로가 책임져야 할 자기침해가 발생한 경우에 보호자가 피보호자를 위해 구조(救助)적 개입을 하는 것이 형벌로써 관철되어야 하는 것은 아니라는 것이다.[166] 그렇지만 피보호자가 신체적으로 인식의 결함이나 의사(형성)에 결함이 있는 경우에 보증인은 구조를 위한 개입을 함으로써 그러한 결함에서 비롯되는 자상행위를 막아야 한다. 이 결론이 정당하다는 점은 피해자의 입장에서도 확인할 수 있다: 예컨대 피해자가 자기 가해를 야기할 착오에 빠져 있음을 알림으로써 그 행위를 방지할 것을 보호자에게 요구할 수 있는 것이다. 따라서 이러한 사안들에서는 보증인에게 추가적인 요건의 충족이 없어도 그 사건에 대한 지배가 있다고 할 수 있다.

b) 타인의 과실행위

인식 있는 자기침해의 경우에도 타인의 과실에 의한 관여가 있을 수 있다. 연방대법원은 BGHSt 24, 342면 이하에서 이러한 사안에 대해 판결한 바 있다. 한 경찰 공무원이 잘 아는 여자와 술집에 갔다; 그 경찰관은 여러 차례 그 여자가 술을 마시면 갑자기 비관적이 되고 우울 상태에 빠졌다는 것을 알고 있었다. 두 사람이 귀가할 때 경찰관은 장전된 그의 업무용 총을 — 습관적으로 — 자동차 계기판 옆에 두었다; 잠시 한눈을 판 사이 그 여자는 총으로 스스로를 쏘았다.[167] 연방대법원은 이 사건을 고의에 의한 자

---

166 이 문제에 관해서는 특히 *Walther*, Eigenverantwortlichkeit, 205면 참조. 원칙에서는 저자와 같은 유사한 결론을 내리고 있다; 이 논쟁에 관해서는 이 책의 주 187—198의 많은 참고문헌 참조.

167 이 판결에 관해서는 *Welp*, JR 1972, 427면 이하; *van Els*, NJW 1972, 1476면; *Spendel*, JuS 1974, 749면 이하도 참조.

살관여 사안에서 활용된 바 있는 공범 논거에 입각해서 판결을 내렸다: 즉 이 경우 독일 형법상 고의의 자살방조가 불가벌이라면, '단지' 과실로 인한 방조행위도 처벌될 수 없다는 것이다. 벨프(Welp)는 과실에 의한 결과야기의 특징 그리고 의무위반에 입각하고 있는 단일정범론의 특성을 간과하고 있는 이 근거지움이 비논리적임을 지적하고 있다.[168] 그렇지만 공범논거는 이미 앞에서 설명한 것처럼, 고의에 의한 관여, 즉 원래의 의미에서 이러한 사례들의 근거지움에는 적합하지 않은 것이다. 그래서 이 논거는 과실에 의한 관여의 가벌성 여부에 대한 결론의 기초로서도 적합하지 않다. 그렇다면 판단은 한편으로는 오로지 과실불법에 대한 규정의 토대 위에서, 다른 한편으로는 자기책임의 원칙에 입각해서 내려야 한다. 과실불법의 핵심을 타인을 우연적 사태에 내맡기는 것이라고 본다면, 자기 자신을 침해하는 사람이 그 사건을 지배하고 있다는 사실 하나만으로도, 타인(외부인)은 외적인 우연성의 영역에서 법익을 감소시키지 못한다는 것을 알 수 있다. 이것은 외부인이 (앞에서 살핀 형태의 신체적 결함이 있다는 의미에서) 타인에게 책임질 수 있는 자기결정 능력이 없다는 것을 알고 있으며, 나아가 자기침해와 관련해서 의무위반을 했을 때, 예컨대 권총을 부주의하게 둔 경우일 것이다. 따라서 제국법원은 다음의 사건에서 타당하게 과실치사를 인정하고 있다[169]: '불치의 정신병'이 걸린 피해자는 자살위험 때문에 정신병원에 오게 되었으며, 이미 여러 번 자살 시도를 한 적이 있었다. 피고인은 피해자를 감시하기 위해 배치되었는데, 업무지시를 어기고 방을 비우면서 방문을 열어 두었다. 피해자는 욕조에서 익사했다. 그렇지만 (서두에서 인용한 연방대법원의 판결처럼) 보통의 사회관계에서는 자기침해의 가능성을

---

168 JR 1972, 428면 이하.
169 RGSt 7, 332면 이하.

고려할 필요가 없으며, 결과에 대한 지배라는 요건이 충족되지 않기 때문에 과실에 의한 정범 성립의 가능성은 차단된다.[170]

---

170 이는 의사에 결함이 있는 사안들에도 타당하다. 왜냐하면 사실상의 행위지배가 있었다는 사실과 결과에 대한 인식 있는 야기가 있었다는 사실이, 타인의 책임을 법익에 대한 의무위반이 있었음에도 불구하고 차단하기 때문이다. — 피해자가 고의의 범행에 의해 외부의 압박을 받는 상황에 처하게 되었고, 그래서 자기침해 행위를 하는 경우에 과실 판단의 기초 위에 있는 다른 상황은 성립하는 것이다; 이에 관해서는 가령 BGH LM § 346 Nr. 3(감금죄에 관한 사례), 많은 참고문헌을 적시하고 있는 Schönke-Schröder-*Eser*, § 239 난외번호 15도 참조. 강간을 당한 사람이 이로 인해 자살한 경우에 이와 유사한 문제가 형법 제177조(성적 침해죄 및 성적 강요죄와 강간죄)에서 나타난다. 이 경우 객관적 귀속을 부인하는 견해가 있다(가령 Schönke-Schröder-*Lenckner*, § 177 난외번호 13; *Rengier*, Erfolgsqualifizierte Delikte, 196면). 그 이유는 자기책임 하에서 이루어진 자살의 결단이 있기 때문이라고 한다. 그러나 여기서 — 과실 불법의 측면에서 — 자기책임이라고 말하는 것은 또 추상적이다. 형법 (구) 제177조 제3항(과실치사죄)의 경우에는 중과실(경솔)을 부정하는 것이 더 바람직하다.

IV. 위험을 인식한 상황에서 피해자의 행동

1. 행위상황의 특징

개별적으로 나누어 설명[171]할 필요가 있는 것은, 결국은 발생한 결과를 피해자가 자기행동이 가져올 수 있는 결과로서 예견은 하였지만, 그럼에도 불구하고 그 위험을 방치한 사례 또는 그 위험을 방지하지 않은 사례이다. 위험의 실현에 대한 피해자의 태도는 지금까지 설명한 인식 있는 자기침해의 사례들과는 분명히 다르다: 즉 결과는 목표로서 행위의 관계 속으로 동화되지 않고 오히려 이 관계 밖에 있으며, 특히 대부분의 경우에 결과가 발생하지 않으리라고 믿기 때문에 위험을 인식하고서 행하는 행위의 시도를 결과에 대한 결정이라고 보는 것은 허구에 지나지 않는다. 이 상황의 가장 좋은 예는 이미 앞에서 언급한 제국법원의 뱃사공–사건이다[172]: 두 명의 여행자로부터 폭풍우 속에서 강을 건너는 위험한 일을 독촉 받고 뱃사공은 홍수가 나고 폭풍우로 말미암아 파도가 심한 메멜강을 건너는 일을 감행했다. 배는 뒤집혔고, 두 여행자는 익사하였다. — 이와 같은 유형의 사안이 최근에 판결된 내용들의 대부분을 차지하고 있다.[173]

---

171 자기침해의 상이한 방법을 분리 검토해야 할 필요성에 대해서는 *Frisch*, Tatbestandsmäßiges Verhalten, 153면 이하; *Otto*, Tröndle-FS, 157면 이하, 169면 이하 참조. 그렇지만 이 구분은 저자가 취한 구분과는 다르다.

172 RGSt 57, 172면 이하.

a) 종래의 해결방안

이러한 사안들을 해결하기 위해서 아주 상이한 건설적인 여러 제안들이 제시되었다.[174] 행위자를 규범과의 관계에서 보는 통상적인 시각에서는 피해자의 자기위태화 사례에서 행위자의 행위는 규범의 보호목적에 반하는 침해행위라고 볼 수 없는 것으로서,[175] 이를 사회적 상당성이 있는 행동으로 평가하거나 허용된 위험으로 보고 있다.[176] 그러나 이런 관점으로 보면 이 사례들의 특수성은 제대로 파악되지 않는다. 행위자의 과실에 대한 판단에서 피해자의 행동이 함께 고려되어야 한다면, 행위자-법규범(또는: 사회규범)의 관계를 넘어서, 왜 행위자에 대한 행동규범에서 피해자의 행동이 의미가 있는지를 근거지워주는 추가적인 사고 단계가 밝혀져야 할 것이다. 이것이 필요하다는 것은 문제를 단지 '객관적 귀속'이라는 명칭으로 분류만 해 놓고 내용적으로 규정하지 않는 경우에는 더욱 분명해진다.[177]

이러한 사례들을 승낙의 규정으로 파악하려고 하는 다수설은 명시적으로 피해자 행동의 측면에 착안하고 있다.[178] 체계적인 관점상 여기서 보게 되는 모든 구별에도 불구하고, 이것들을 연결시켜주는 논거는 뻔히 예상되는데도 불구하고 스스로 위험을 무릅쓰는 사람은 그 위험으로부터 실

173 가령 BGHSt 32, 262면 이하; BGH NStZ 1984, 452면 이하; NStZ 1985, 25면 이하; OLG Stuttgart, MDR 1985, 162면; BayObLG NStZ 1990, 81면; *Molketin*의 논평과 함께 NZV 1989, 80면.

174 상이한 입장들의 광범위한 개요는 *Walther*, Eigenverantwortlichkeit, 20면 이하; *Fiedler*, Fremdgefährdung, 14면 이하; *Dölling*, GA 1984, 71—74면 이하, 80면 이하.

175 이는 특히 *Roxin*, Gallas-FS, 241면 이하, 243면 이하.

176 이에 관해서는 *Hirsch*, ZStW 74 (1962), 78면 이하, 95면 이하. 더 많은 참고문헌은 *Walther*, Eigenverantwortlichkeit, 50면 이하 참조.

177 *Wessels*, AT, § 6 II 4, 56면 이하 참조. *Otto*, Tröndle-FS, 170면 이하와 이에 대한 비판은 *Walther*, Eigenverantwortlichkeit, 50면 이하도 참조.

178 광범위한 참고문헌은 *Fiedler*, Fremdgefährdung, 각주 1—21과 함께 14면 참조.

현된 결과를 감수할 태세가 되어 있다고 한다. 이 해결방안에 대해서는 두 가지 이의를 제기할 수 있다. 첫째는 단지 표면적으로만 외부적 관점과 관련되는 것이다: 주관적으로 판단해야 할 승낙의 의사 요소와 관련해서 위험으로부터 발생한 결과에 대하여 일반적으로 동의가 있다는 주장은 '허구'에 불과하다.[179] 위험이 있다는 것과 그 위험 하에서 결과가 발생했다는 것은 별개이며, 그 결과에 대해 당사자는 다시 한 번 독자적인 입장에 있다. 위험과 결과에 대하여 일반적인 승낙이 있다는 주장은 사실은 외부에서 피해자에 대해 의제한 결과인데("A라고 말하는 자는 B도 말해야 한다"), 이것은 의사의 속성과는 아무런 상관이 없는 것이다. 따라서 이 경우 승낙이 있다는 식으로 처리하려면, — 게페르트(Geppert)가 한 것처럼[180] — 결과에 대하여 승낙이 있었다는 것을 명시적으로 확인해야 한다. 이렇게 되면 고려 대상이 되는 대부분의 사례들은 승낙이 없는 것이 되어 범죄가 성립하는 결과가 된다.[181]

둘째 반론은 한편으로는 위험에 대한 내적 태도 그리고 다른 한편으로는 그 위험으로부터 발생한 결과의 구별을 위한 근거에 주목한다. 즉 이 상황에서 '승낙' 개념은 사안과 무관한 것이 아닌지 의문이다. 위험과 결과의 관계는 이 경우 개방적인 진행경과를 갖는 특징이 있다; 결과가 발생할지는 그야말로 불확실한 것이다. 그런데 그러한 진행경과의 개방성은 인과적으로-기계적인 현상이 아니라, 법현상으로서 행위자와 피해자 간의 상호행위의 관계 속으로 편입되어 들어온다. 그렇게 되면 이 연관성은 이제 다음

---

179 스톨(*Stoll*)은 '방법론적으로 진실하지 않은 가설'이라고 한다, Das Handeln auf eigene Gefahr, 94면. 또한 *Zipf*, Einwilligung und Risikoübernahme im Strafrecht, 74면 참조.

180 ZStW 84 (1971), 947면 이하와 특히 974면 이하. 이에 대해서 *Walther*, Eigenverantwortlichkeit, 33면 이하도 참조.

181 법효과면을 고려하는 것에 관해서는 가령 *Geppert* (주 180), 997면 이하.

과 같은 특징을 갖게 된다. 즉 이 관계는 행위자와 피해자의 쌍방적 관계를 의도적으로 변형시킨 것이 아니라, 각기 문제되는 법익이 올바른 행동을 통해서 그 존립이 보장되었어야 할 곳에서 우연히 존립하는 것으로 평가절하된 것이다. 이 사태에 대하여 '피해자'도 '행위자'도 기여를 한 경우에는 — 행위자의 입장에서 보면 — 결과에 관하여 이러한 의사에 의한 관계가 없었으며, — 피해자의 입장에서 보면 — 이에 동의하는 의사(승낙)가 형성될 수 없었다. 과실불법의 상황 속에 내재하는 이러한 이유에서 동의가 단순히 위험을 근거짓기 위해 남용되는 한, 이에 대하여 승낙이 있다고 말하는 것은 적절치 않아 보인다.[182]

따라서 여기서 논의하는 사례 유형에서 피해자의 승낙의 상황과의 유사점이 있다는 것을 부인할 수 없다면, 그 특성을 인정하고 해결책을 찾기 위해서 독자적인 사고과정을 전개해야 하며, 이 사고과정은 또 결정적인 지점에서 가설로 작업하는 위험을 막게 해 줄 것이다.

b) 자기책임의 사고를 토대로 한 새로운 해결방안의 모색에 대한 필요성

피들러(Fiedler)는 이 사안들에 대한 유익한 해결책은 자기책임의 사고에 입각하고 있음을 적절히 강조하였다.[183] 판례 또한 — 그러나 적절하지 않은 공범논거에서 — 독자적인 원칙인 듯 자기위태화의 개념을 가지고 작업하고 있다.[184] 이제 — 이 책이 토대로 하고 있는 것처럼 — 불법을 인격체 상호 간의 관계로서 법으로부터 도출해야 하는 사건으로 파악한다면,

---

182 이에 관한 전체적인 고찰은 *Walther*, Eigenverantwortlichkeit, 33면 이하 참조.
183 *Fiedler*, Fremdgefährdung, 116면.
184 유익한 분류가 존재하지 않는다는데 대한 비판으로는 가령 *Kienapfel*, (BGHSt 32, 262면 이하에 대한) 평석, JZ 1984, 752면 참조.

우선 자기침해의 의미도 자기위태화의 의미와 마찬가지로 실질적 불법의 차원에 영향을 미친다는 것을 알게 된다. 그러나 이것은 피해자의 자기위태화가 사안에서 법적인 결과를 가지고 확인될 때에 **결론에** 어떻게 영향을 주는지 만을 언급한 데 불과하다; 말하자면 그 경우에는 불법이 존재하지 않는다는 것이다. 그렇지만 개별사안에서 이 결론을 얻기 위해서는 특히 자기위태화에서 발생하는 자기침해의 개별적인 기준을 만들어 줄 규정이 필요하다.

2. 자기위태화와 타인책임

a) 인식 있는 자기침해에 대한 관계

이에 관한 고찰은 인식 있는 자기침해에서의 피해자의 행동과 여기서 문제 되는 상황인 자기위태화와 타인책임에서의 피해자의 행동의 자기관련성을 대비해 봄으로써 시작할 수 있다. 이때 우선 행위와 결과의 연관성의 면에서 양자 사이에는 이미 언급한 중요하고 명백한 차이가 있다는 것이 드러난다: 결과는 피해자가 무릅쓴 위험이 실현된 것이지, 행위의 목표였던 것은 아니다. 따라서 이 사안들을 판단함에 있어서는 어쨌든 인식 있는 자기침해의 사안들을 판단하는데 사용했던 기본사고는 직접 적용할 수 없다: 즉 '피해자'가 스스로 만들어 놓은 의사와 행위 및 결과의 통일성으로 인하여, 이 사건에 기여한 타인에 의해 형법적으로 중요한 침해가 가해졌다고 말할 수는 없는 것이다. 인식 있는 자기침해의 경우와 비교해 보면 — 다른 한편으로는 — 자기위태화의 경우에도 행동의 자기관련성을 확인할 수 있다는 점에서는 이 장에서 설명하는 사례들과 유사점이 없지 않다.

그렇지만 이 유사점만을 가지고 두 유형의 사례를 동일하게 다루려는 것은 너무 성급한 것이다.[185] 왜냐하면 자기위태화의 경우에는 타인의 지배를 차단하는 작용을 하는 요소, 즉 피해자 스스로가 만든 행위와 결과 간의 연관성이 존재하지 않기 때문이다. 따라서 지금 다루고 있는 유형의 사안에서 행위의 자기관련성의 의미에 대한 물음은 독자적으로 제기될 필요가 있다.

b) 자기위태화의 특성

이 과제를 해결하는 데에는 일차적으로, 타인이 **관여하지 않은** 상황에서의 자기위태화가 갖는 특수성을 숙고해 봄으로써, 자기위태화 행위와 이로 인해 발생한 결과 간의 필연적인 관계가 형성되었는가를 고찰하는 것이 도움이 된다. '피해자'가 충분한 사전준비 없이 위험한 산행을 감행하다가 높은 데서 굴러 떨어져 다쳤다고 해보자. 그 피해자가 이러한 결과가 발생할 가능성이 있음을 알고서도 산행을 감행했다고 한다면, 결과는 피해자 스스로가 행한 위험으로부터 발생한 것이기 때문에 결과에 대한 그의 행위는 ─ 단순히 사실적인 관찰이 아니라 성찰적인 관찰을 한다고 하더라도 ─ 스스로 감수해야 할 것으로 규정할 수 있다. 피해자는 자신의 행동으로써 결과를 방지할 수 있었던 것이다. 이 점에서 이러한 상황은 지배할 수 없었던 상황에서 사고가 일어난 경우와 구별된다.

그렇지만 타인이 결과를 발생케 하는 사건에 관여했을 때에 비로소 판단은 특별한 '법'적 판단이 된다; 즉 예를 든 사례에서 타인이 가볍게 거뜬

---

185 직접적으로 자기위태화와 자기침해를 결부시킨 판결들에서는 이 점을 시사해주는 여러 표현들이 보인다; 예컨대 BGHSt 32, 262면 이하(264, 265면); BGH NStZ 1985, 25면 이하 참조.

히 오를 수 있는 길이라고 정보를 주었을 수도 있는 것이다. 이렇게 해서 침해가 발생한 경우에 타인의 과실에 의한 행위가 성립하는지 아니면 여전히 자기위태화가 침해로 이어진 것인가 라는 물음이 제기된다.

이 사례들에서는 피해자의 '자기책임'의 사고가 먼저 어떤 역할을 해서는 안 되고, '행위자'의 과실을 검토하는 것이 중요하다고 생각할지도 모른다. 연방대법원은 마약을 넘겨준 사안에 대한 종래의 판결에서 이 방법을 택하고 있다.[186] 하지만 이렇게 하면 행위자의 과실행위가 외적 결과를 야기한 것은 아니라는 점을 간과하게 될 것이다. 과실불법의 실질적 내용은 주의의무에 따른 행동을 함으로써 기본적으로 승인되어야 할 타인의 법익이 우연에 방치되는 것이라는 점은 앞에서 상세히 설명하였다. 그런데 위험을 실현할 수 있는 방법에 대하여 피해자가 행위자와 함께 결정한 것이라고 사건이 특징되는 경우에 행위자가 의무위반을 했다는 것의 확인은 결코 피해자의 행동의 의미에 대한 정리 없이 이루어져서는 안 된다. 이 관점이 타당하다는 점은 BGHSt 32, 262면 이하(피해자에 의한 마약복용)의 판결에 대해서 논문들이 이구동성으로 긍정적인 반응을 보였다는 사실이 보여준다.

이 사례들을 판단하기 어려운 이유는 위험에서 결과에 이르는 과정이 개방적이라는 데에 있다: 즉 결과 발생의 여부가 확실치 않은 것이다. 그래서 이 경우 다소 추상적인 방법으로 '피해자의 자기위태화'의 개념을 끌어들인다면 이 사례는 이미 결정 난 것이나 다름없으며, 왜냐하면 사태전개의 개방성을 피해자의 자기책임의 관점에서만 보기 (그리고 볼 수도 있기) 때문이다. 연방대법원의 판결에서 이따금 추론할 수 있는 이 방식은 그러나 너무 불확실하다.[187] 이 사안에 대한 판단은 오히려 '피해자'의 기여와 '행위자'의 기여와의 관계를 판단함으로써 단계적으로 도출해야 한다. 왜냐

---

186 BGH MDR 1980, 985면 (*Holtz*); NStZ 1981, 350면 이하 참조.

하면 언급한 결과발생 과정의 개방성은 상이한 사람들의 상이한 행동방식에서 방해가 될 수도, 개입이 될 수도 있기 때문이다. 이 복잡성을 '자기위태화'라는 표지에 따라서만 해결할 수는 없으며, 자기위태화인지 또는 과실에 의한 타인침해인지의 면에서 대안을 판단함으로써 해결되어야 한다. 이때 이 판단은 발생한 결과를 누구에게 '귀속시켜야 할 것인가'와 같은 '형량'의 형식으로는 결코 할 수 없는 것이다[188]; 그것은 단지 우리가 찾게 될 근거지움의 과정의 결과에 불과한 것일 수 있다. 언급한 대안을 진지하게 생각해 본다면, 그 기준은 결국 과실불법의 특성에 유념하면서 관여자의 행위연관성으로부터 얻어져야 한다.[189]

---

187 BGH NStZ 1987, 406면 이하 참조. 이 사안에서 아내는 전에는 가끔 — 마지못해 — 의사의 치료를 참고 받아들였지만 이때는 치료를 반복해서 거부했다. 그녀는 전혼수(前昏睡) 상태에 빠졌고, 남편은 도움을 요청하는 것을 포기하였다. 연방대법원은 실제로 매우 급박한 생명의 위험이 있는 경우에도 의사의 조력을 전적으로 거절했겠는가는 아주 불분명하지만, 이 경우 아내의 '자기책임에 따른' 결정이 있었는지 여부를 검토하였다.

188 그러나 이러한 방식을 취하고 있는 글은 *Fiedler*, Fremdgefährdung, 178면 이하 참조.

189 발터(*Susanne Walther*)는 『자기책임과 형법상의 귀속(Eigenverantwortlichkeit und strafrechtliche Zurechnung)』이라는 훌륭한 논의에서 다른 근거지움의 노선을 택하고 있다. 그녀는 고의의 정범에 관여한 공범형식(형법 제25조 이하)의 원칙들을 자기위태화를 공동으로 야기한 상황에 적용하면서(93면, 111면 이하, 144면 이하), 이러한 노선 위에서 상세한 논의를 전개하여 신중하게 결론을 도출한다. 이 결론은 많은 사례에서 저자의 결론과 일치하는 것이다. 그렇지만 의문이 드는 것은 발터가 공범형식의 이론을 이 사안에 적용가능하다고 보는 출발명제인데, 그녀는 단순히 피상적으로 형법 제25조 이하의 문언에 입각해서가 아니라, 더 심오한 이유에서 그렇게 하고 있다: 제25조 이하의 공범형식은 고의 정범의 불법 유형을 모델로 하여 구분한다: 따라서 이러한 구분은 다수설과는 달리 판례와 같은 방식으로 정범을 정하는데서 출발할 때 가능하다. 그런데 이것이 행위의 목적구조와 연결됨으로써 (행위지배설) 정범을 정하는 기준이 행위와 결과의 연관관계를 정하는 기준이 되어버렸다. 이를 (수잔네 발터처럼 판단에 대한 지배가 있다는 식으로, 144면 이하) 전혀 다른 특성을 가진 과실불법에 적용하여, 위험상황의 창출과 관련짓는다면(*Walther*, 173면 참조), 그 논증은 잘못된 결론을 도출하는데 사용되는 것이다. 그래서 발터 논문의 결정적인 부분(§ 4)도 고의범에서의 행위지배와 대응되는 논의로 이루어지고 있다; 예로 든 많은 사례에 있어서 (과실범의 한계를 넘어서) 고의범의 영역으로 넘어 들어가기도 하는 것으로 보인다(185면 참조). 그렇지만 이런 기본적인 이의를 제기한다고 해서 단행 연구서로서 지금까지 이 분야를 가장 상세하게 다룬 발터 논문의 기여를 결코 평가절하하는 것은 아니다.

c) 의무위반과 자기위태화

　　과실불법의 성격규정에 따르면, 과실불법이 형성되는 상황이란 피해자의 관점에서 볼 때 피해자의 법익 중 하나가 법적 관점에서 타인이 하지 않을 것으로 믿었던 행동 (타인의 의무위반) 앞에 직면하게 되는 경우이다. 타인의 관여가 **없는** 자기위태화의 경우에 피해자는 불가피하게 그 위험을 인수한다. 그런데 어떤 사례에서 행위자의 행동과 피해자의 행동이 공동작용함으로써 비로소 결과가 발생할 정도로 행동방식에 중첩이 생긴다면, 행위자의 행동이라고 말할 수 있는지를 판단하기 위해서는 행위자의 행동이 피해자의 법익을 우연에 방치했다는 것이 확인되어야 한다. 그런데 여기서 문제되는 상황에서의 판단은 행위자의 행위의 관점에서만 내릴 수는 없다. 오히려 피해자의 관점에서 피해자가 위험을 알고 피해자 자신이 행위자의 행위에 부가해서 행동했음에도 불구하고, 자기 법익의 존립에 대해 타인이 책임질 것으로 신뢰할 수 있었는가를 물어야 한다. 이 물음은 다음과 같은 사고적인 심사단계로 세분화할 수 있다: 피해자가 타인(행위자)이 의무에 합치되는 행동을 함으로써 침해를 야기하는 과정을 지배한다는 것을 법적으로 확고한 방식으로 신뢰할 수 있었다면 타인위태화가 성립하며, 자기위태화가 되지 않는다. 직접적으로 침해에 이르는 과정에 대한 자기위태화가 존재한다는 것이 인정되는 경우에도 이 결과는 한 번 더 검토되어야 한다: 피해자가 법적으로 확고한 형태로, 자기에게는 이미 자기위태화를 할 가능성이 전혀 열려 있지 않다는 것을 신뢰할 수 있었는가? 이 사례들은 예외적인 사례들일 수밖에 없으며, 이 사례들에서 피해자는 위험을 인식하고 타인이 결과를 야기하는 과정을 법익보호상 의무에 합치되는 행동을 함으로써 지배할 수 없다는 것도 알기 때문이다. 그렇지만 단순히 사건의 최종 국

면만 본다면, 불법의 결과와 관련해서 상호행위가 가질 수 있는 체계를 단순화하는 것이 될 것이다. 상호성은 이미 초기 단계에서도 구체적으로 문제되는 법익에 대한 의무위반으로 될 수 있으며, 이 의무위반 역시 과실인 것이다; 이 단계에서 특히 중요한 것은 자기위태화의 면에서 피해자의 취약성 또는 의존성이 경솔한 것으로서 행위자의 행동 속에 남아 있다는 점이다.

그렇지만 이 검토의 둘째 단계에서도 외부인의 의무위반이 없는 때에, 피해자는 타인(외부인)이 주의의무에 합치되는 행동을 함으로써 피해자 자신의 법익을 보증해 줄 것이라는 점을 행위관계 속으로 넣어서 생각할 수 없다는 것은 확실하다; 그래서 피해자가 스스로 그 상황으로 들어가거나 또는 그 상황으로부터 빠져 나오지 않은 경우에는 침해의 위험을 자기책임의 영역 속으로 받아들인 것이 된다. 위험이 실현된 경우에는 자기위태화에서 발생하는 자기침해가 성립한다. 그렇지만 첫째나 둘째 검토단계에서 타인이 의무위반을 했다는 것이 확인된다면, 피해자의 위험한 행위가 있음에도 불구하고 타인(즉 행위자)은 법적인 상호 행위 및 여기서 나오는 법익의 존립을 위해 중요하다; 행위자의 책임은 피해자가 인식한 위험과 그 실현 사이로 밀려들어 가게 되는 것이다. 이 모든 사례에서 관건은 책임질 영역에 대한 **법적인** 한계를 설정하는 것이기 때문에, 타인이 주의의무에 부합하는 행동을 할 것이라는 신뢰가 사실상 있었는가가 아니라, 타인에 대해 제기하는 법적 근거를 가진 요구라는 의미에서 타인의 그러한 행동을 신뢰할 가능성이 있었는가가 중요하다. 이 범위는 행위자에게 피해자에 대한 특별의무(보호의무)가 있었는지를 심사함으로써도 검토할 수 있다; 이것이 확인되는 때에는 행위자의 책임영역은 이미 벗어난 것이다.[190, 191]

3. 판례 사건에 대한 적용

a) 제국법원의 '뱃사공'-사건

제국법원의 뱃사공-사건[192]에서는 먼저 첫째 요건, 즉 결과와 관련하여 피해자와 행위자의 행위기여가 있었다: 여행자들이 뱃사공에게 거의 강요하다시피 부탁을 했고, 뱃사공은 강을 건너는 것을 감행하였다.[193] 여기서 제기해야 할 물음은, 두 여행자가 자신들에게 닥칠 수 있을 위험을 뱃사공이 지배한다고 믿었어도 되는지 여부인데, 이는 부정해야 한다: 진행과정을

---

190 또 하나의 흥미로운 사건은 BGH NJW 1987, 850면(이에 관해서는 *Ranft*, JZ 1987, 865면 이하와 *Sonnen*, JA 1987, 334면 이하) 참조: 여러 명이 함께 사는 집(= 쉐어하우스)의 룸메이트 한 사람이 추운 밤 말다툼 끝에 아주 얇은 옷만 걸친 채 문 밖으로 쫓겨났다. 쉽게 옷을 챙겨 입을 수 있었지만 그는 다음날 아침까지 옷을 챙겨 입지 않았고, 결국 체온저하로 사망하였다. 여기서 집 밖으로 쫓겨난 이 상황을 관찰해 보면, 상해와 사망의 결과와 관련하여 피해자의 행동에는 위험의 인수가 있다고 보아야 한다. 왜냐하면 이때 타인의 개입을 신뢰할 수 없기 때문이다. 그렇지만 문제는, 피해자의 신체의 완전성에 대하여 위험상황을 창출한 것이 한 집에 공동으로 사는 구성원의 의무위반이 아닌가 하는 점이다. 특히 사망한 자가 자기책임을 지게 되는 신체적 상황에 의심이 있기 때문이다(음주나 약물복용). 왜냐하면 타인의 불법행위로부터 자신을 보호할 의무를 일반적으로 피해자에게 부과할 수 없다는 것은 분명하기 때문이다. — 이 사건들이 갖는 난점에 관하여는 *Jakobs*, AT, 21/58a와 주 127도 참조, 특히 여기서 고의의 자기침해에 관한 사례 참조.

191 스스로 위험에 직면할 법적 의무가 있는 경우(소방관, 경찰관)에 예컨대 건물에 불을 놓는 것과 같이 행위자가 행위의무가 발생할 요건을 만든 때에는 행위자의 의무위반은 존재한다. 왜냐하면 피해자가 여기서 위험에 직면한 것은 위험의 인수에 대한 자유로운 판단에 의해서가 아니라, 자기에게 부과된 의무로 인하여 야기된 것이기 때문이다. 이에 관해서는 *Rudolphi*, SK, vor § 1 난외번호 80 이하 참조 — 행위자에게 보증인적 지위가 있음에도 불구하고 위험을 창출했다면, 위험을 야기함으로써 원조의무가 발생한다; 스스로 위험을 창출한 것(선행행위)으로 부터는 예외적으로만 원조의무가 발생할 수 있다. 이에 관하여는 *Walther*, Eigenverantwortlichkeit, 207면 이하 참조.

192 RGSt 57, 172면 이하. 이 판결에 관해서는 *P. Frisch*, Das Fahrlässigkeitsdelikt und das Verhalten des Verletzten, 18면.

193 뱃사공의 이 행위기여를 바탕으로 당시 틸지트 지방법원(LG Tilsit)은 과실을 인정하였다.

지배하지 못한다는 것과 아울러 그는 처음에 도강(渡江)을 거부했던 것이다. 이제 검토해야 할 것은 두 피해자가 뱃사공이 자신들의 집요한 부탁에도 불구하고 그 위험상황의 발생(강을 건너는 것)을 방지하는 것을 일반적으로 신뢰할 수 있었던가에 관한 것이다. 그런데 이것은 뱃사공에게 그 두 명에 대하여 객관적으로 비이성적인 상태에서 그들 스스로를 보호할 특별 의무가 부과된다는 것을 의미할 것이다. 이를 긍정할 수는 없기 때문에, 전체적으로는 자기위태화를 통해 실현된 자기침해가 되는 것이다. 제국법원은 무죄를 선고함으로써 이 사례를 타당하게 판단했다; 문헌들 또한 거의 예외 없이 이 입장을 따르고 있다.[194]

b) 에이즈-감염

감염사실을 알고 에이즈 감염자와 합의 하에 이른바 보호장구를 사용하지 않고 행한 성관계의 사례들에 대해서도 법원은 타당하게 판결하고 있다.[195] 이 경우에도 결과와 관련하여 행위자와 피해자의 공동작용이 명백히 성립한다. 그리고 이 경우에 피해자는 이미 사실상의 이유에서 '행위자'가 침해를 야기하는 사건을 지배한다는 것을 신뢰할 수 없다. 그런데 명확

---

194 될링이 제안한 해결책에 따르면(*Dölling*, GA 1984, 71면 이하, 90면 이하) 특히 자기위태화와 결부되어 있는 목적의 가치가 기준이 되어야 한다고 한다. 그렇지만 이런 방식으로 내려진 판단은, 특별히 법적으로 자기침해가 성립하지 않는 사례들에 대한 것이었다; 이 견해에 대하여는, 동일한 사람을 놓고서 법적으로 중요한 형량을 하게 된다는 반론을 받게 된다; 이에 관해서는 이미 앞의 주 109 참조.

195 BayObLG NJW 1990, 131면 이하. 이에 관해서는 *Hugger*, JuS 1990, 992면 이하도 참조. 하지만 이 상황은 과정의 불확실성 때문에 자기침해가 아니라, 자기위태화에 관한 것이다. — *Helgerth*, NStZ 1988, 261면 이하는 이 사례들에서 될링의 견해(주 194 참조)에 따라서 가치판단을 하려고 한다; 그러나 이것은 이미 앞에서 설명한 이유들 때문에 불가능하다.

하지 않은 것은 실제로 전염이 될 것인지의 여부이다. 이제 남은 것은 문제가 되는 법익을 위해서 행위자에게 위험을 창출하는 상황을 방지해야 할 의무가 있는가에 대한 대답이다. 그런데 이것을 인정한다는 것은 행위자에게 그 외에는 존재하지 않는 피해자에 대한 특별의무를 부과한다는 것을 의미한다. 성인들(책임 있게 행위 하는 사람들) 사이에서는 이런 특별의무를 인정할 수 없다. 바이에른 주 고등법원은 피해자가 겨우 17세였던 사건에서도 위험인식의 능력을 인정하고 있다.[196]

c) 음주운전에 대한 관여

운전 중에 운전불능의 상태에 빠질 것이 예상되는 사람의 자동차에 피해자가 동승하여 가다가 다치게 되는 사례들에 있어서는 다수설과 달리 판단해야 할 것이다.[197] 이 경우 피해자는 행위자가 (아직은 존재하는) 그의 운전능력에 따라 운전을 하거나 아니면 형법상의 의무인 운전을 아예 하지 않는다는 것을 신뢰할 수 있었기 때문에 동승한 것이다. 이 경우 침해가 있게 된다면 과실에 의한 타인침해가 성립한다. 그렇지만 운전자가 차를 운전하는 것이 전혀 불가능하다는 것이 처음부터 명백한 경우는 전혀 다르다.

---

196 이러한 이유로 캠프텐 지방법원(LG Kempten) 검찰청은 위험을 야기한 사람에게 인식능력이 없었다는 점을 인정하였다. 캠프텐 지방법원의 설명은 NJW 1989, 2068면 이하(2069면 1단) 참조. 이 문제에 관해서는 *Bottke*와 *Schünemann*의 논문 Schünemann/Pfeiffer (편), Die Rechtsprobleme mit AIDS, 171면 이하(182면 이하)와 373면 이하(469면 이하) 참조. 그렇지만 쉬네만(Schünemann)이 강조하는 각 행위 상호 간의 시간적 관계(사후적인가 동시적인가, 474면 참조)는 (불법과 관련한) 질적 판단을 함에 있어서는 중요한 역할을 하지 못하고 있다.

197 이 문제점에 관한 것으로는 *Geppert*, ZStW 84 (1971), 947면 이하. 그 외에도 LK-*Hirsch*, § 226a 난외번호 13과 *Burgstaller*, Das Fahrlässigkeitsdelikt im Strafrecht, 167면 이하 참조.

d) 마약제공 사례에서의 타인책임

피해자에 의한 마약복용 사례는 달리 판단해야 할 것이다.[198] 이 사안에 대해 판례와 문헌은 모두 같은 견해이며, 가령 피해자가 사망한 경우에는 스스로 책임져야 할 자기위태화에서 비롯되는 자기책임이 성립한다고 보고 있다.[199] 다만 중독자의 책임과 관련해서는 문제가 있다는 주장이 제기되었다.[200] 이것은 결정적인 관점은 아니다; 하지만 이 문제 제기에서 지시하는 방향은 정확한 것이다. 침해에 가장 인접한 행위와 관련되는 것은, 다수설에 따르면 피해자가 마약을 복용함에 있어서, 가령 주사를 놓을 때 타인이 이 위험을 지배할 것이라는 점을 신뢰할 만한 아무런 계기도 없었다는 점은 분명하다는 것을 확인할 수 있다.[201] 그렇지만 침해를 야기하는 전체상황을 고려해 보면 다른 모습이 나타난다. 행위자에게 마약의 판매가 금지되는 것은 바로 피해자에 대한 위험 때문이다(독일 향정신성의약품법(BtMG) 제29조 제1항 제1호). 이 금지의 근거는 대체로 — 추상적으로 — 국민건강에 대한 위험으로 보고 있다[202]; 이렇게 본다면 실제로 피해자의 행위영역과의 관계는 단절되게 된다. 그렇지만 행위자에게 형사처벌을 하기 위해서는 이러한 추상적 위험으로는 충분하지 않고, 중독될 수 있는 개개인에게 구체적인 위험이 존재해야 하며,[203] 이것이 개개인을 마약의 위험에

---

198 BGHSt 32, 262면 이하와 BGHSt 37, 179면 이하 참조.

199 BGHSt 37, 179면 이하의 판결의 논평에 대한 문헌들; *Beulke/Schröder*, NStZ 1991, 939면 이하; *Rudolphi*, JZ 1991, 572면 이하 참조.

200 예컨대 *Hirsch*, JR 1979, 432면 이하; *Frisch*, Tatbestandsmäßiges Verhalten, 2면, 174면; *Maurach-Gössel*, AT/2, § 43 난외번호 74, 79.

201 그러나 타인의 보증인 의무가 인정될 때에 이러한 신뢰는 정당화된다.

202 BGHSt 31, 163면 이하, 168면; 37, 179면 이하, 182면; StrV 1983, 202면 이하; *Pelchen*, in: Erbs/Kohlhaas, Vorbem. zu § 1 BtMG 참조.

방치하지 않는 향정신성의약품법(BtMG)의 금지의 취지인 것이다. 그런데 이 위험으로부터 직접 신체에 미치는 악영향과 여기서 비롯되는 생명의 위험은 예상할 수 있어야 한다. 이 악영향과 위험은 타인이 피해자에게 마약을 이용할 수 있게 하는 순간 말하자면 아주 급박해진다. 따라서 피해자는 법적인 측면에서 — 그의 실제 동의와는 무관하게 — 자신에게 자기위태화의 근접한 가능성이 없다는 것을 알아야 한다. 그럼에도 불구하고 이것이 발생한다면, 피해자가 위험을 그의 책임영역 속에 인수했다는 주장으로써 외부인을 피해자의 건강과 생명에 대한 책임으로부터 면제시키려는 것은 향정신성의약품법(BtMG)의 취지에 반하는 것이다.[204]

여기서 이 사안과는 별도로 분류해야 할 사안들이 있는데, 이것은 특히 행위자가 타인에게 마약을 사용하도록, 가령 일회용 주사기를 구해주는 것과 같은, 단순히 기술적 가능성을 제공한 경우들이다.[205] 왜냐하면 여기에는 이런 전형적인 원조행위를 해서는 안 된다는 데 대한 법적으로 확고한 신뢰가 없기 때문이다. BGHSt 32, 267면 이하(피해자에 의한 마약복용)의 사건은 이러한 경우에 대하여 적절하게 판단하고 있다.

---

203 이에 관해서는 *E.A. Wolff*, ZStW 97 (1985), 829면 이하와 주 92.

204 연방대법원은 이 생각을 BGHSt 37, 179면 이하의 결정에서 고려하고 있다; 그러나 이것은 이 판결에 대해 지금까지 발표된 평석에서(주 199의 문헌들 참조) 달리 평가되었다.

205 이를 더 세분할 수 있다는 점은 프리쉬(*Frisch*)도 언급하고 있다(Tatbestandsmäßiges Verhalten, 2면). 그렇지만 기술적으로 가능하게 한 행위는 향정신성의약품법(BtMG) 제29조 제1항 제10호 제2문으로 포착할 수 있다(이에 관하여는 *Bottke*, in: Schünemann/Pfeiffer (주 196), 171면 이하, 216면 이하 참조). 그러나 이러한 '포괄구성요건'(*Körner*, BtMG, § 29 난외번호 710 이하) 및 세분화되지 않은 처벌과 피해자의 자기위태화는 연결되지 않는다.

4. 자기위태화에서의 행위지배

이 장의 마지막으로 위험을 인식한 피해자의 행동에서 행위자의 고의 행위가 있는 사례도 판단해 보아야 한다. 피해자가 위험으로의 진입을 스스로 결정한 경우에 침해결과와 관련하여 행위자의 고의적인 행동이 있다고 하기 위해서는 행위자에게 단순한 의사가 있었다는 것만으로는 충분하지 않다. 추가되어야 할 것은 행위자의 행동을 통해서 행위자가 사건의 진행을 지배했음이 구체적인 사례에서 확인되어야 한다는 점이다.[206] 여기서 행위자에게 판단력이 있어야 한다는 요구는 인식 있는 자기피해의 사례의 경우에서 보다는 그 수위가 낮은데, 이유는 인식 있는 자기피해의 사안에서는 피해자가 행위와 결과의 관계를 스스로 만들어 냈지만, 이 경우에는 단지 위험을 방치하기만 했을 뿐이기 때문이다. 행위자가 피해자의 하자 있는 인식이나 의사를 이용하였다면, 행위자는 이 사안을 지배하는 것이다. 인식(위험의 정도에 대한 인식)의 면에서 행위자에게 우월성을 인정하기 위해서는, 행위자의 인식에 따를 때 피해자를 방치한 우연적 상황에서 적어도 결과가 발생할 고도의 개연성이 있어야 한다. 그렇지만 이러한 행위자의 우월성을 입증할 수 없다면 그의 행위계획은 희망에 불과한 것이고, 피해자의 행동은 자기위태화에서 발생하는 자기침해가 된다.[207]

---

206 이에 관해서는 *Jakobs*, AT, 21/58a 21/35; *Walther*, Eigenverantwortlichkeit, 177면 이하도 참조.

207 개별사안의 상황에서 항상 확인해야 하는 이러한 우월성을 연방대법원(NStZ 1986, 266면)은 고의의 상해(만취상태의 야기)에 관한 다음의 사안에서 적절하게 인정하고 있다: 피고인은 순진하고 자신에게 푹 빠져 있는 19세 소녀에게 술 마시기 내기를 제안했고 그 과정에서 피해자는 아주 짧은 시간에 500ml의 과실주를 마셨다.

V. 위험이 인식 가능한 경우의 피해자행동

간략하게나마 살펴보아야 할 것은, 사전에 인식할 수 있었지만 피해자가 자기의 법익에 대한 위험을 인식하지 못하고 (객관적으로) 위험한 행위를 하는 사례들이다. 예컨대 피해자가 이미 뚜렷한 에이즈-감염 증세를 보이는 자와 보호장구를 사용하지 않은 성교에 동의하는 경우이다. 그런데 이런 행동은 타인의 고의 또는 과실 행동에서 불법의 특성을 파악하는 '자기책임'의 사고에서 의미를 인정할 수는 없다.[208] '자기책임'은 이 책에서 행위를 규정하는 원칙이라는 것이 밝혀졌다. 이 원칙의 법적 의미는 개별 사례를 심사할 때, 침해 사건이 피해자의 영역에서 나오는 것으로 이해되고, 이로써 타인의 책임이 말하자면 방어적으로 박탈되었다는 것을 통해 얻어진 것이다. 그러나 타인책임으로 된 위험과 관련하여 자기 자신의 법익에 대한 일반적 주의의무를 인정한다는 것은 이 책의 제2장에서 전개한 자기책임과 타인책임의 관계를 뒤집어 놓는 것이 될 것이다: 즉 법의 소관이 아닌 자기-존재의 영역에서 상호적인 관계를 규정하는 법적 구속력이 있는 자기보호에 대한 원칙이 될 것이다. 그렇지만 이것은 법을 구성하는 책임의 개념에 입각한 것은 아니다.

---

208 *Jakobs*, AT 7/129는 전혀 다른 견해를 제시한다. 여기서 야콥스는 관여자(공범)의 행위와 이 속에 들어 있는 성질('책임')에서 나오는 규정이 아니라, 결과에 대한 객관적 '결정권한'으로 해결하고 있다. 그러나 이것은 분명히 책임 개념에 포함된 관여자의 자율성으로부터 인식할 수 있는 것이 아니라, 외부에서 확정한 것이다. 야콥스가 여기서 스스로 타인의 고의의 행동을 중요하지 않다고까지 (인용된 절 1문의 마지막 문장이 그렇다) 볼지는 명백하지 않지만, 이렇게 되면 잘못이 더 분명하게 드러날 것이다.

요약

1

최근 형법에서 (대부분 피해자 영역과 함께) 많이 사용되는 '자기책임'의 개념은 그 적용을 자의적이고-우연적인 판단에 맡기지 않으려면 근본적인 규정이 필요하다. 이 근본규정은 개인의 자유와 관련한 자기책임의 적극적인 의미에서 출발해야 한다. 자유는 개개인을 통한 올바른 행위규정에서 나타나기 때문에 개개인은 자신의 행위에 대해 책임질 수 있는 것이다. 법은 널리 자유를 규정하는데 있어서 한 부분을 이루는 것이며, 법의 기반 위에서 인간 상호 간에 중요한 행위의 실행이 시작된다. 법은 그 규정을 단지 각 개인의 (결함도 없지 않은) 주관적 능력에 맡기는 것이 아니라, 그 정당성을 국가의 일반법에서 확정해 두는 것이다. 하지만 여기서도 자기책임은 적극적인 관점에서 중요한데, 그 이유는 일반적 정당성은 주관적 인식과 연결되어 있기 때문이다.

2

이러한 기초에서 비로소 자기침해는 불법이 아니라고 말할 수 있게 되며, 왜냐하면 (행위자 자신에게 향하는 행동으로서의) 자기침해에는 법의 고유한 특성인 인간들 상호 간의 관계가 존재하지 않기 때문이다. 그러나 자기침해의 과정은, 특히 이것이 행위자의 신체나 생명에 대한 것일 때는 법관계의 사회적인 차원으로 인해 타인에 의한 배려행위를 발생하게 하거나 정당화할 수도 있다; 그렇지만 이런 행위는 타인침해를 방지하려고 하는 행위로서 다른 기준에 속하는 것이다.

3

사기침해의 사례들은 타인(외부인)이 이에 관여할 때에 비로소 (형)법적인 문제가 된다. 이 사례들을 올바르게 판단하기 위해서는 서로 밀접한 관련을 맺고 있는 여러 단계를 거쳐야 할 필요가 있다:

a) 타인에게 발생한 불법의 특징은 그 타인이 — 법질서가 인정하는 자주적인 현존재에서 — 스스로의 힘으로는 감당할 수 없는 형태로 침해되었다는 것을 말한다(E. A. Wolff). 고의에 의한 불법은 행위자가 의식적으로 행한 타인의 구체적인 자유에 대한 억압이다; 과실에 의한 불법은 행위자가 의무에 합당한 행동으로 위험을 지배했어야 함에도 불구하고 타인의 구체적인 자유를 우연의 것으로 평가절하한 것이다. 이렇게 불법은 법과 마찬가지로 상호주관적인 특징이 있다.

b) 피해자의 측면에서 보면 이러한 사건에 공동으로 작용하는 행위방식을 확인할 수 있다; 이 행위방식은 그 특성에 따라 인식 있는 자기침해와 인식 있는 자기위태화로 구분된다.

aa) 인식 있는 자기침해는 피해자가 자기의 법익을 침해하는 행위의 결과를 인식하고, 또 그 결과 발생을 원하는 행위를 할 때 인정된다. 피해자는 이 경우에 스스로 의사와 행위 및 결과의 통일체를 만드는 자이다. 이 통일체의 형성은 침해사건에 대하여 타인의 책임을 원칙적으로 봉쇄해준다. 타인의 책임은 자기 스스로를 침해하는 사람이 신체적인 이유에서(독일 형법 제19조, 제20조, 소년법 제3조의 방향에서) 그 사건의 의미를 제대로 파악할 수 없거나, 또는 다른 의사결함(착오, 강요)이 그의 판단의 자기책임에 악영향을 미칠 경우에 비로소 (그리고 예외적으로) 문제가 될 수 있다(그렇지만 이것으로 타인의 정범성이 근거지워지지는 않았다).

그런데 이런 사례들의 경우에 행위의 최종적인 실행에 대한 판단은 피해자에게 있기 때문에 타인의 고의정범성은 추가적인 단계를 통해 정당화되어야 한다. 신체적 결함이 있는 경우에 타인의 행위기여는 결함에 대한 인식만으로 이루어지는 것이 아니라, 그 결함을 통해서 결과가 발생해야만 정범성을 인정할 수 있다. 그 이외의 의사결함의 경우에 행위자가 정범이 되기 위해서는 그가 피해자의 결정상황에서 선택의 폭을 좁히고, 피해자가 결정을 함에 있어서 의존적이 되도록 그 사건을 지배해야 한다.

과실정범성은 인식 있는 자기침해의 경우에는 오로지 외부인이 그 결함을 알고 추가적으로 자기침해와 관련해서 의무위반을 할 때에만 성립할 수 있다.

bb) 인식 있는 자기위태화는 피해자가 최종적으로 발생한 결과를 자기 행동의 가능한 결과로 예견하지만, 그럼에도 불구하고 그 위험을 방치하거나 방지하지 않을 때 성립한다.

타인의 과실에 의한 불법은 발생한 침해가, 피해자가 아닌 외부인이 법익을 우연에 방치한 데서 기인한다는 것이 인정되는 사례에서만 성립할 수 있다. 이것은 두 단계의 검토과정에서 확인 가능하다: 첫째로 물어야 할 것은, 타인이 의무에 합당한 행위를 함으로써 침해를 야기하는 과정을 지배한다는 것을 법적으로 확고한 방식으로 신뢰할 수 있었는가 이다. 그렇게 되면 자기위태화는 부정된다. 반대로 이 첫째 단계에서 자기위태화가 인정되면, 결과는 피해자가 법적으로 확고한 방식에서 그에게 자기침해 행위를 할 가능성이 전혀 없었는지를 다시 한 번 심사해야 한다. 그러나 이것은 예외적인 경우에 지나지 않으며, 그 이유는 일반적으로 타인에 대한 보호의무를 인정하는 것은 근거가 없기 때문이다.

타인의 고의에 의한 불법은 행위자가 침해를 야기하는 사건을 지배하고, 피해자의 인식 또는 의사의 결함을 범행계획에서 이용하여, 특히 가령 피해자를 방치한 우연이 실제로 침해가 일어날 개연성이 높은 것을 알고 한 사례들에만 성립할 수 있다.

참고문헌

Amelung, Knut, Irrtum und Zweifel des Getäuschten beim Betrug, GA 1977, 1 ff.

Amelung, Knut/Weidermann, Jürgen, Bestechlichkeit und Förderung einer Selbstschädigung im Maßregelvollzug — BGH NJW 1983, 462, JuS 1984, 595 ff.

Arzt, Günther/Weber, Ulrich, Strafrecht, Besonderer Teil, Lehrheft 1, 3. Aufl., Bielefeld 1988.

Baumann, Jürgen, u.a., Alternativentwurf eines Gesetzes über Sterbehilfe, Stuttgart/New York 1986.

Beck, Lewis White, Kants "Kritik der praktischen Vernunft", München 1974.

Binding, Karl, Handbuch des Strafrechts, 1. Band, Leipzig 1985.

Bochnik, Hans Joachim, Verzweiflung und freie Willensbestimmung bei Suizidversuchen, MedR 1987, 216 ff.

Bottke, Wilfried, Suizid und Strafrecht, Berlin 1982.

Brandts, Johann, Freiheit, Gleichheit, Eigentum, Tübingen 1991.

Brugger, Walter (Hrsg.), Philosophisches Wörterbuch, 14. Aufl., Freiburg 1976.

Burgstaller, Manfred, Das Fahrlässigkeitsdelikt im Strafrecht, Wien 1974.

Burkhardt, Björn, Das Zweckmoment im Schuldbegriff, GA 1976, 321 ff.

Charalambakis, Aristotelis, Selbsttötung aufgrund Irrtums und mittelbare Täterschaft, GA 1986, 485 ff.

Dölling, Dieter, Fahrlässige Tötung bei Selbstgefährdung des Opfers, GA 1984, 71 ff.

Dreher, Eduard/Tröndle, Herbert, Strafgesetzbuch und Nebengesetze, 45. Aufl., München 1991.

Dreher, Eduard, Die Willensfreiheit, München 1987.

Ebert, Udo, Verbrechensbekämpfung durch Opferbestrafung?, JZ 1983, 633 ff.

Erbs/Kohlhaas, Strafrechtliche Nebengesetzte, bearb. von Fritz Ambos u.a., Stand Okt. 1991.

Eser, Albin, Juristischer Studienkurs, Strafrecht III, 2. Aufl., München 1981.

ders., Sterbehilfe und ärztliche Verantwortung, MedR 1985, 6 ff.

ders. (Hrsg.), Suizid und Euthanasie als human- und sozialwissenschaftliches Problem, Stuttgart 1976.

Exner, Franz, Fahrlässiges Zusammenwirken, Frank-Festgabe, Neudruck der Ausgabe 1930, Aalen 1969, Bd. I, 569 ff.

Fichte, Johann Gottlieb, Werke, herausgegeben von Immanuel Hermann Fichte, Nachdruck der Ausgabe Berlin 1845/46, Berlin 1971.

Fiedler, Ralf-Peter, Zur Strafbarkeit der einverständlichen Fremdgefährdung, Frankfurt a.M. u.a., 1990.

Frisch, Peter, Das Fahrlässigkeitsdelikt und das Verhalten des Verletzten, Berlin 1973.

Frisch, Wolfgang, Rezension von: Heribert Schumann, Strafrechtliches Handlungsunrecht usw., JZ 1988, 655.

ders., Selbstgefährdung im Strafrecht, NStZ 1992, 1 ff., 62 ff.

ders., Tatbestandsmäßiges Verhalten und Zurechnung des Erfolges, Heidelberg 1988.

ders., Vorsatz und Risiko, Köln u.a., 1983.

Gallas, Wilhelm, Strafbares Unterlassen im Fall einer Selbsttötung, JZ 1960, 649 ff., 686 ff.

Geilen, Gerd, Suizid und Mitverantwortung, JZ 1974, 145 ff.

Geppert, Klaus, Rechtfertigende "Einwilligung" des verletzten Mitfahrers bei Fahrlässigkeitsstraftaten im Straßenverkehr?, ZStW 83 (1971), 947 ff.

Gerland, Heinrich, Die Selbstverletzung und die Verletzung des Einwilligenden, in: v. Birkmeyer u.a. (Hrsg.), Vergleichende Darstellung des deutschen und ausländischen Strafrechts, Allgemeiner Teil, II. Band, Berlin 1908.

Griffel, Anton, Freiheit und Schuld, MDR 1991, 109 ff.

Gropp, Walter, Suizidbeteiligung und Sterbehilfe in der Rechtsprechung, NStZ 1985, 97 ff.

Grünewald, Anette, Selbstgefährdung und einverständliche Fremdgefährdung, Goltdammer's Archiv für Strafrecht 2012, 364 ff.

Händel, Konrad, Suizidprophylaxe und ärztliche Schweigepflicht, in: Festschrift für Horst Leithoff, Heidelberg 1985, 555 ff.

Hassemer, Raimund, Schutzbedürftigkeit des Opfers und Strafrechtsdogmatik, Berlin 1981.

Helgerth, Roland, Aids — Einwilligung in infektiösen Geschlechtsverkehr, NStZ 1988, 261 ff.

Henrich, Dieter, Die Deduktion des Sittengesetzes, in: Denken im Schatten des Nihilismus, Festschrift für Wilhelm Weischedel, Darmstadt 1975, 55 ff.

Henrich, Dieter, Das Problem der Grundlegung der Ethik bei Kant und im spekulativen Idealismus, in: P. Engelhardt (Hrsg.), Sein und Ethos, Mainz 1963.

ders., Selbstverständnisse, Stuttgart 1982.

von Hentig, Hans, The Criminal and his Victim, New Haven 1948.

Herzberg, Rolf Dietrich, Beteiligung an einer Selbsttötung oder tödlichen Selbstgefährdung als Tötungsdelikt, JA 1985, 131 ff., 177 ff., 265 ff., 336 ff.

ders., Die Quasi-Mittäterschaft bei § 261 StGB: Straftat oder straflose Suizidbeteiligung — BGH, NJW 1987, 1092, JuS 1988, 771 ff.

ders., Zur Strafbarkeit der Beteiligung am frei gewählten Selbstmord, dargestellt am Beispiel des Gefangenensuizids und der strafrechtlichen

Verantwortung der Vollzugsbediensteten, ZStW 91 (1979), 557 ff.

ders., Straffreies Töten bei Eigenverantwortlichkeit des Opfers?, NStZ 1989, 559 ff.

ders., Täterschaft und Teilnahme, München 1977.

Hillenkamp, Thomas, Vorsatztat und Opferverhalten, Göttingen 1961.

Hirsch, Hans Joachim, Soziale Adäquanz und Unrechtslehre, ZStW 74 (1962), 78 ff.

Hobbes, Thomas, Leviathan, übers. v. Walter Euchner, Frankfurt a.M. 1984.

Hoerster, Norbert, Grundsätzliches zur Strafwürdigkeit der Gefälligkeitssterilisation, JZ 1971, 123 ff.

Hohmann, Ralf, Betäubungsmittelstrafrecht und Eigenverantwortlichkeit?, MDR 1991, 1117 f.

Hohmann, Ralf/König, Pia, Zur Begründung der strafrechtlichen Verantwortlichkeit in den Fällen der aktiven Suizidteilnahme, NStZ 1989, 304 ff.

Jakobs, Günther, Strafrecht, Allgemeiner Teil, 2. Aufl., Berlin-New York 1991.

Jescheck, Hans-Heinrich, Lehrbuch des Strafrechts, Allgemeiner Teil, 4. Aufl., Berlin 1988.

Jonas, Hans, Das Prizip der Verantwortung, Frankfurt a.M. 1984.

Kahlo, Michael, Das Problem des Pflichtwidrigkeitszusammenhangs bei den unechten Unterlassungsdelikten, Berlin 1990.

Kahlo, Michael/Wolff, Ernst Amadeus/Zaczyk, Rainer (Hrsg.), Fichtes Lehre vom Rechtsverhältnis, Frankfurt/M. 1992.

Kant, Immanuel, Werke in zehn Bänden, hrsg. v. Wilhelm Weischedel, 4. Aufl., Darmstadt 1975.

Kantorowicz, Hermann, Tat und Schuld, Zürich/Leipzig 1993.

Klee, Karl, Selbstverletzung und Verletzung eines Einwilligenden, GA 48 (1901),
177 ff., 337 ff.; Bd. 49 (1902), 246 ff.; Bd. 50, 364 ff.

Köhler, Michael, Der Begriff der Strafe, Heidelberg 1986.

ders., Die bewusste Fahrlässigkeit, Heidelberg 1982.

ders., Freiheitliches Rechtsprinzip und Betäubungsmittelstrafrecht, ZStW 104
(1992), 3 ff.

ders., Rezension von: Wolfgang Frisch, Vorsatz und Risiko, JZ 1985, 671.

Körner, Harald Hans, Betäubungsmittelgesetz, 3. Aufl., München 1990.

Kommentar zum Strafgesetzbuch (zit.: AK-Bearb.), Bd. 1, §§ 1-21, bearb. v.
Winfried Hassemer u.a., Neuwied 1990.

Kratzsch, Dietrich, Aufgaben- und Risikoverteilung als Kriterien der
Zurechnung im Strafrecht, Festschrift für Dietrich Oehler, Köln u.a. 1985,
65 ff.

Krings, Hermann u.a. (Hrsg.), Handbuch philosophischer Grundbegriffe,
München 1973.

Küper, Wilfried, "Autonomie", Irrtum und Zwang bei mittelbarer Täterschaft
und Einwilligung, JZ 1986, 219 ff.

ders., Entwicklungstendenzen der Strafrechtswissenschaft in der Gegenwart.
Die Festschrift für Paul Bockelmann, GA 1980, 201 ff.

ders., Mittelbare Täterschaft, Verbotsirrtum des Tatmittlers und
Verantwortungsprinzip, JZ 1989, 935 ff.

ders., Versuchsbeginn und Mittäterschaft, Heidelberg/Hamburg 1978.

ders., Vorsatz und Risiko. Zur Monographie von Wolfgang Frisch, GA 1987, 479
ff.

Kurth, Frowin Jörg, Das Mitverschulden des Opfers beim Betrug, Frankfurt/M.
u.a., 1984.

Lackner, Karl, Strafgestzbuch mit Erläuterungen, 19. Aufl., München 1991.

Lampe, Ernst-Joachim, Das personale Unrecht, Berlin 1967.

ders., Verantwortlichkeit und Recht, Jahrbuch für Rechtssoziologie und
　　　Rechtstheorie, Bd. 14, Opladen 1989.

Leipziger Kommentar, Strafgesetzbuch, 10. Aufl., hrsg. von Hans-Heinrich
　　　Jescheck, Wolfgang Ruß und Günther Willms, Berlin/New York 1978 ff.

von Liszt, Franz/Schmidt, Eberhard, Lehrbuch des Deutschen Strafrechts, 25.
　　　Aufl., Berlin und Leipzig 1927.

Maurach, Reinhart/Gössel, Karl Heinz/Zipf, Heinz, Strafrecht, Allgemeiner
　　　Teil, Teilband 2, 7. Aufl., Heidelberg 1989.

Maurach, Reinhart/Schroeder, Friedrich-Christian/Maiwald, Manfred,
　　　Strafrecht, Besonderer Teil, Teilband 1, 7. Aufl., Heidelberg 1988.

Meurer, Dieter, Rezension von: Heribert Schumann, Strafrechtliches
　　　Handlungsunrecht und das Prinzip der Selbstverantwortung des
　　　Anderen, NJW 1987, 2424 f.

Meyer, Maria Katharina, Ausschluss der Autonomie durch Irrtum, Köln u.a.
　　　1984.

Murmann, Uwe, Die Selbstverantwortung des Opfers im Strafrecht, Berlin
　　　2005.

Neumann, Ulfried, Rezension von: Maria Katharina Meyer, Ausschluss der
　　　Autonomie durch Irrtum, GA 1985, 474 ff.

Neumann, Ulfried, Die Stellung des Opfers im Strafrecht, in: Winfried
　　　Hassemer (Hrsg.) Strafrechtspolitik, Frankfurt/M. u.a., 1987, 225 ff.

Neumann, Ulfried, Die Strafbarkeit der Suizidbeteiligung als Problem der
　　　Eigenverantwortlichkeit des "Opfers", JA 1987, 244 ff.

Otto, Harro, Die aktuelle Entscheidung: Selbstgefährdung und

Fremdverantwortung — BGH NJW 1984, 1469, Jura 1984, 536 ff.

Otto, Harro, Eigenverantwortliche Selbstschädigung und –gefährdung sowie
einverständliche Fremdschädigung und –gefährdung, Festschrift für
Herbert Tröndle, Berlin-New York 1989, 157 ff.

ders., Personales Unrecht, Schuld und Strafe, ZStW 87 (1975), 539 ff.

ders., Recht auf den eigenen Tod? Gutachten D für den 56. Deutschen
Juristentag, in: Verh. des 56. DJT, Bd. I, S. D 1 ff.

Paton, H.J., Der kategorische Imperativ, Berlin 1962.

Paeffgen, Hans-Ullrich/Böse, Martin/Kindhäuser, Urs/Stübinger, Stephan/
Verrel, Torsten/Zaczyk, Rainer (Hrsg.), Strafrechtswissenschaft als
Analyse und Konstruktion: Festschrift für Ingeborg Puppe zum 70.
Geburtstag, Berlin 2010.

Ranft, Otfried, Rechtsprechungsübersicht zu den Unterlassungsdelikten, Teil 1,
JZ 1987, 859 ff.

Rengier, Rudolf, Erfolgsqualifizierte Delikte und verwandte
Erscheinungsformen, Tübingen 1986.

Roxin, Claus, Kriminalpolitische Überlegungen zum Schuldprinzip, MSchrKrim
1973, 316 ff.

ders., Die Mitwirkung beim Suizid — ein Tötungsdelikt?, Festschrift für Eduard
Dreher, Berlin-New York 1977, 331 ff.

ders., "Schuld" und "Verantwortlichkeit" als strafrechtliche Systemkategorien,
Festschrift für Heinrich Henkel, Berlin-New York 1974.

ders., Zum Schutzzweck der Norm bei fahrlässigen Delikten, Festschrift für
Wilhelm Gallas, Berlin-New York 1973, 241 ff.

ders., Die Sterbehilfe im Spannungsfeld von Suizidteilnahme, erlaubtem
Behandlungsabbruch und Tötung auf Verlangen, NStZ 1987, 345 ff.

ders., Täterschaft und Teilnamhme, 5. Aufl., 1990.

ders., Der Streit um die einverständliche Fremdgefährdung, Goltdammer's Archiv für Strafrecht 2012, 655 ff.

Rudolphi, Hans-Joachim/Horn, Eckhard/Samson, Erich, Systematischer Kommentar zum Strafgestzbuch, Bd. I, 5. Aufl., Stand April 1991; Bd. II, 4. Aufl., Stand Juni 1991.

Schler, Max, Der Formalismus in der Ethik und die materiale Wertethik, 6. Aufl., Bern 1980.

Schilling, Georg, Abschied vom Teilnahmeargument bei der Mitwirkung zur Selbsttötung, JZ 1979, 159 ff.

Schmidhäuser, Eberhard, Selbstmord und Beteiligung am Selbstmord in strafrechtlicher Sicht, Festschrift für Hans Welzel, Berlin-New York 1974.

Schmitt, Rudolf, Der Arzt und sein lebensmüder Patient, JZ 1984, 866 ff.

ders., Euthanasie aus der Sicht des Juristen, JZ 1979, 462 ff.

ders., Strafrechtlicher Schutz des Opfers vor sich selbst?, Festschrift für Reinhart Maurach, Karlsruhe 1972, 113 ff.

Schneider, Hans Joachim, Kriminologie, Berlin-New York 1987.

Schönke, Adolf/Schröder, Horst, Strafgestzbuch, 24. Aufl., bearb. von Peter Cramer, Albin Eser, Theodor Lenckner, Walter Stree, München 1991.

Schünemann, Bernd, Moderne Tendenzen in der Dogmatik der Fahrlässigkeits- und Gefährdungsdelikte, JA 1975, 435 ff., 511 ff., 575 ff., 647 ff., 715 ff., 787 ff.

ders., Zur Stellung des Opfers im System der Strafrechtspflege, NStZ 1986, 193 ff., 439 ff.

Schünemann, Bernd/Pfeiffer, Gerd (Hrsg.), Die Rechtsprobleme von AIDS, Baden-Baden 1988.

Schulz, Walter, Philosophie in der veränderten Welt, 15-16. Tsd., Pfullingen 1984.

Schumann, Heribert, Strafrechtliches Handlungsunrecht und das Prinzip der Selbstverantwortung des Anderen, Tübingen 1986.

Spendel, Günter, Fahrlässige Teilnahme an Selbst- und Fremdtötung, JuS 1974, 749 ff.

Stoll, Hans, Das Handeln auf eigene Gafahr, Berlin und Tübingen 1961.

Stratenwerth, Günter, Zur Relevanz des Erfolgsunwertes im Strafrecht, Festschrift für Friedrich Schaffstein, Göttingen 1975, 177 ff.

ders., Strafrecht, Allgemeienr Teil I, 3. Aufl., Köln u.a. 1981.

Stree, Walter, Beteiligung an vorsätzlicher Selbstgefährdung — BGHSt 32, 262 und BGH NStZ 1984, 452; JuS 1985, 179 ff.

Streng, Franz, Schuld ohne Feiheit, ZStW 101 (1989), 273 ff.

Walther, Susanne, Eigenverantwortlichkeit und strafrechtliche Zurechnung, Freiburg 1991.

Weischedel, Wilhelm, Skeptische Ethik, Frankfurt/M. 1980.

Wessels, Johannes, Strafrecht, Besonderer Teil 1, 15. Aufl., Heidelberg 1991.

Windelband, Wilhelm, Über Willensfreiheit, 2. Aufl., Tübingen 1905.

Wolff, Ernst Amadeus, Die Abgrenzung von Kriminalunrecht zu anderen Unrechtsformen, in: Winfried Hassemer (Hrsg.), Strafrechtspolitik, Frankfurt a.M. u.a. 1987, 137 ff.

ders., Kausalität von Tun und Unterlassen, Heidelberg 1965.

ders., Das neuere Verständnis von Generalprävention und seine Tauglichkeit für eine Antwort auf Kriminalität, ZStW 97 (1985), 786 ff.

Zaczyk, Rainer, Rezension von: Ralf-Peter Fiedler, Zur Strafbarkeit der einverständlichen Fremdgefährdung, GA 1991, 571 ff.

ders., Das Strafrecht in der Rechtslehre J.G. Fichtes, Berlin 1981.

ders., Das Unrecht der versuchten Tat, Berlin 1989.

Zielinski, Diethart, Handlungs- und Erfolgsunwert im Unrechtsbegriff, Berlin 1973.

Zipf, Heinz, Einwilligung und Risikoübernahme im Strafrecht, Neuwied und Berlin 1970.

형법상의 불법과 피해자의 자기책임

초판인쇄 2019년 8월 23일

초판발행 2019년 8월 31일

지은이 라이너 차칙

옮긴이 손미숙

발행인 홍순창

발행처 토담미디어

서울 종로구 돈화문로 94(와룡동) 동원빌딩 302호

전화 02-2271-3335

팩스 0505-365-7845

출판등록 제2-3835호(2003년 8월 23일)

홈페이지 www.todammedia.com

ISBN 979-11-6249-062-4